# FUERA DEL JUEGO

Edición conmemorativa 1968-1998

Para
Luis Alberto
Soto,
con un abrazo de
admiración y amistad

Heberto

Marzo
2000

COLECCIÓN CLÁSICOS CUBANOS **19**

EDICIONES UNIVERSAL, Miami, Florida, 1998

# HEBERTO PADILLA

# FUERA DEL JUEGO

Edición conmemorativa 1968-1998

La primera edición de las poesías se pubicó en La Habana por la UNEAC, 1968
Primera edición conmemorativa, 1998

EDICIONES UNIVERSAL
P.O. Box 450353 (Shenandoah Station)
Miami, FL  33245-0353. USA
Tel: (305) 642-3234   Fax: (305) 642-7978
e-mail: ediciones@kampung.net
http://www.ediciones.com

Library of Congress Catalog Card No.: 98-87652
I.S.B.N.: 0-89729-881-0 (edición en rústica)
I.S.B.N. 0-89729-887-X (edición encuadernada)
(La edición encuadernada consta de 200 ejemplares numerados y firmados por el autor)

Composición de textos: María C. Salvat Olson
Diseño de la cubierta: Francisco León
La cubierta reproduce el dibujo de la edición original de 1968
Grabado medieval «El juego de la oca»

# ÍNDICE

# ÍNDICE

# TREINTA AÑOS DESPUÉS DE
## «*FUERA DEL JUEGO*»

Ningún libro se da por terminado, sobre todo si es un libro de poemas concebido con una idea central como lo es «*Fuera del juego*», entendido no como una ceremonia lúdica, sino como rechazo a la complicidad. Muchos de sus poemas arrastraban todavía inquietudes de «*El justo tiempo humano*», mi primera colección poética escrita en tiempo y países diferentes, finalmente publicada en La Habana en 1961.

Entonces escribí: «no tengo ni he tenido una poética, esa especie de dogma en miniatura con que cada poeta abre los ojos diariamente al mundo; pero esa poesía que se adhiere tan intensamente a la vida, que mezcla sin pudores la tribulación y la esperanza, que de algún modo abarca al mundo entero con sus ciudades, sus melancolías, a mí me ha parecido siempre gloriosa».

Me lo sigue pareciendo, pero en los años setenta los poetas mayores del país proclamaban la búsqueda de «una aventura metafísica o mística y por lo tanto muchas veces hermética».

Sus poemas eran graves, suntuosos, bien armados, donde reinaban la imagen y la metáfora. El mundo real quedaba excluido de sus preocupaciones; la historia nunca fue vista como problema, ni siquiera la que había irrumpido en la vida nacional trayendo un brusco cambio de instituciones. Por un lado se hacía añicos nuestra tradición de vida, se desgarraba el mundo familiar del que han sido la consecuencia inmediata los jóvenes cubanoamericanos; por otro lado andaba una poesía que no se enteraba de la catástrofe. Ni para exaltarla ni para negarla. Simplemente aquello no era asunto suyo, sino de la vida social, de la política. Lo mismo había ocurrido a finales del siglo XIX, cuyos poetas dieron su apoyo unánime a la lucha de independencia, pero en cuya poesía —pienso en Julián del Casal, Juana Borrero, Carlos Pío Urbach— nunca aludieron a ello. Su negación de la colonia se dio principalmente en la asunción de una lengua moderna influida, como en Rubén Darío, por la literatura francesa. En Casal, en Borrero, la rebelión se daba en el idioma.

Con los años he llegado a la conclusión de que aquellas eran actitudes mías extremas, obstinadas en imponer mi sistema personal, tan legítimo como a los que me oponía. El tiempo me ha enseñado que cualquiera de ellos es perfectamente válido. Baudelaire decía que hay seres que ejercen una retórica profunda. ¿Por qué no aceptarlo?

De mi corto exilio en Estados Unidos traje el apoyo al cambio revolucionario, pero, al mismo tiempo, otros modelos poéticos que me influyeron poderosamente. W.H. Auden, Robert Lowell y desde luego, Eliot. En todos ellos aparecía una aguda crítica de la vida contemporánea. Auden, en «*La edad de la ansiedad*»: Lowell, en «*History and Life Studies*», Eliot, en su análisis de la crisis de la cultura contemporánea. He citado a estos tres porque eran mi lectura constante; pero mi frecuentación de sus obras me llevó al estudio de la austera literatura en lengua inglesa, tan hostil al lujo de la nuestra. En los poemas de «*El justo tiempo humano*» traté de incorporar las impresiones de aquellas lecturas que creo aparecen reflejadas en poemas como «*Infancia de William Blake*», «*Retrato del poeta como un duende joven*» o el de Sir Walter Raleigh en la Torre de Londres.

Luis Cernuda fue el poeta español que más a fondo estudió la diferencia entre la poesía inglesa y la española, al referirse a la tendencia hispánica que él describía como «falacia de lo patético». Todavía en Cuba prevalecía la idea de Valery, de que «la poesía es un idioma dentro de un idioma», con lo que se remite la poesía a un lenguaje propio y exquisito. Yo pensaba, como T.S. Eliot, que la poesía «nunca debe apartarse por completo el idioma de los intercambios comunes, de modo que cuando el lector vea un poema diga, «así hablaría yo si pudiera hablar en poesía».

Era mi alternativa ante la aventura metafísica o mística y el rechazo de esos poetas por la historia. En «*Fuera del juego*» —que empecé a escribir en Moscú y terminé en La Habana— están los poemas más representativos de mi propósito. Los más importantes fueron publicados en *Casa de las Américas*, en el número dedicado al centenario de Rubén Darío, y en el órgano oficial del Consejo Nacional de Cultura.

8

Fue cuando comenzaron los ataques oficiales contra mis nuevos poemas. En 1968, cuando «*Fuera del Juego*» obtuvo el premio Nacional de Literatura de la UNEAC, toda la burocracia del Consejo Nacional de Cultura y de la Unión de Escritores se volcaron contra mi premio y me convirtieron en piedra de escándalo que culminó en mi encarcelamiento, acusado de escribir literatura contrarrevolucionaria.

Mi encarcelamiento en 1971 marcó un hito en las relaciones del régimen revolucionario cubano y la cultura internacional. Figuras relevantes del arte y la cultura de todo el mundo rompieron con los métodos represivos que el régimen cubano emplearía sistemáticamente para reprimir la libertad de expresión. Sartre, Simone de Beauvoir, Julio Cortázar, Mario Vargas Llosa, Octavio Paz, Susan Sontag, Juan Goytisolo, Federico Fellini, Marguerite Duras, Alberto Moravia y otros 72 escritores y artistas condenaron los métodos totalitarios de Castro y nunca más volvieron a la isla. Lo que vino después fue una política de hostigamiento que ya ha durado treinta años.

Hace pocos meses, en una entrevista publicada en la revista «*Cuba Internacional*», el ministro de cultura Abel Prieto condenó el proceso conocido como «el caso Padilla». Allí afirmó que yo me había burlado de los órganos de la Seguridad del Estado, y que un hecho como aquel jamás se repetiría en Cuba. Más que una burla, se trató de una ceremonia de astucia en que repetía de memoria un texto previamente redactado en prisión por los mismos oficiales de la Seguridad, y que suponía que yo dirigiera al gobierno revolucionario. Al repetirlo de memoria, trataba de eliminar toda traza de improvisación y toda figura de delito, mostrándome como un malagradecido con el jefe del estado.

No es la primera vez que esto se produce en la historia. Más que un procedimiento medieval, la autocrítica fue legitimada y actualizada por Lenin para que los revolucionarios pudieran reintegrarse a las filas del Partido Comunista. A partir de Stalin la autocrítica fue el método por antonomasia que sirvió a su tiranía para destruir la moral de los militantes. Arthur Koestler estudió ampliamente el procedimiento en su autobiografía y en su libro «El cero y el infinito», inspirado en las confesiones de Bujarin. Bujarin fue considerado traidor en los procesos de Moscú y más tarde rehabilitado en época de Jruschov. En el XX Congreso del Partido Comunista de la Unión Soviética fueron denunciados los famosos procesos. En los años cincuenta, sin embargo, se produjo el escandaloso caso Slansky en Checoslovaquia, cuyos pormenores están relatados en su «*La confesión*» de Arthur London. Fue este uno de los casos más vergonzantes de la historia contemporánea. En su libro, London relata los métodos clásicos de la policía política. Estas célebres autocríticas fueron tan convincentes que un autor como Merleau-Ponty dedicó todo un libro, «Humanismo y Terror», a justificar el «arrepentimiento» del grupo de comunistas condenados o asesinados por Stalin.

En Cuba una apariencia de apertura cultural y política está siendo fomentada a través de los viajes de jóvenes poetas y escritores a otros países, pero el caso de que fui protagonista hace treinta años continúa marginado del mundo editorial cubano. Se han publicado poemas míos en la revista de la Casa de las Américas y otros libros míos circulan por las librerías cubanas, pero jamás «*Fuera del juego*».

Este libro me parece tanto más remoto como irreal. Incluso «*El justo tiempo humano*», «*El hombre junto al mar*», los poemas de «*Un puente, una casa de piedra*», los creo escritos en otra lengua, en otro mundo. Pero «*Fuera del juego*» fue mi dogal inmediato, mi estigma; fíjense que no me atrevo a decir «mi honor». Y si hoy nos esforzamos por recordar los treinta años de su aparición, es porque cuando todo ese tiempo cae sobre un libro o lo anula o lo coloca en ese peculiar museo al que conduce una misteriosa lealtad.

Me conmueve que «*Fuera del juego*» sea leído otra vez por cubanos de distintas generaciones, por los primeros jóvenes que me acogieron a mi llegada a Nueva York hace treinta años, como Lourdes Gil, Perla Rozencvaig, Pablo Medina, Octavio Armand, Iraida Iturralde, Graciela García Marruz, Emilio Cueto y otros. De ninguno me ha separado este tiempo; con algunos he logrado el más estrecho acercamiento. De modo que la reedición treinta años después viene a sellar una continuidad histórica de gente de distintas generaciones cubanas. Un reencuentro entre los lectores de ayer y los de hoy.

**Heberto Padilla**

# FUERA DEL JUEGO[1]

---

[1] Se reproduce de acuerdo a la edición original de La Habana, 1968 y la de Editorial San Juan, Puerto Rico, 1971. Pruebas revisadas por el autor para esta edición.

# EN TIEMPOS DIFÍCILES

A aquel hombre le pidieron su tiempo
para que lo juntara al tiempo de la Historia.
Le pidieron las manos,
porque para una época difícil
nada hay mejor que un par de buenas manos.
Le pidieron los ojos
que alguna vez tuvieron lágrimas
para que contemplara el lado claro
(especialmente el lado claro de la vida)
porque para el horror basta un ojo de asombro.
Le pidieron sus labios
resecos y cuarteados para afirmar,
para erigir, con cada afirmación, un sueño
(el-alto-sueño);
le pidieron las piernas,
duras y nudosas,
(sus viejas piernas andariegas)
porque en tiempos difíciles
¿algo hay mejor que un par de piernas
para la construcción o la trinchera?
Le pidieron el bosque que lo nutrió de niño,
con su árbol obediente.
Le pidieron el pecho, el corazón, los hombros.
Le dijeron
que eso era estrictamente necesario.
Le explicaron después
que toda esta donación resultaría inútil
sin entregar la lengua,
porque en tiempos difíciles
nada es tan útil para atajar el odio o la mentira.
Y finalmente le rogaron

que, por favor, echase a andar,
porque en tiempos difíciles
esta es, sin duda, la prueba decisiva.

# EL DISCURSO DEL MÉTODO

Si después que termina el bombardeo,
andando sobre la hierba que puede crecer lo mismo
entre las ruinas
            que en el sombrero de tu Obispo,
eres capaz de imaginar que no estás viendo
lo que se va a plantar irremediablemente delante
                                    de tus ojos,
        o que no estás oyendo
lo que tendrás que oír durante mucho tiempo todavía:
        o (lo que es peor)
piensas que será suficiente la astucia o el buen juicio
para evitar que un día, al entrar en tu casa,
sólo encuentres un sillón destruido, con un montón
        de libros rotos,
        yo te aconsejo que corras enseguida,
        que busques un pasaporte,
        alguna contraseña,
        un hijo enclenque, cualquier cosa
que puedan justificarte ante una policía por el
                            momento torpe
        (porque ahora está formada
        de campesinos y peones)
y que te largues de una vez y para siempre.
Huye por la escalera del jardín
        (que no te vea nadie).
No cojas nada.
                No servirán de nada
ni un abrigo, ni un guante, ni un apellido,
ni un lingote de oro, ni un título borroso.

15

No pierdas tiempo
        enterrando joyas en las paredes
        (las van a descubrir de cualquier modo).
No te pongas a guardar escrituras en los sótanos
        (las localizarán después los milicianos).

Ten desconfianza de la mejor criada.
No le entregues las llaves al chofer, no le confíes
la perra al jardinero.
No te ilusiones con las noticias de onda corta.

Párate ante el espejo más alto de la sala,
                        tranquilamente,
       y contempla tu vida,
       y contémplate ahora como eres
       porque ésta será la última vez.

Ya están quitando las barricadas de los parques.
Ya los asaltadores del poder están subiendo a la
                           tribuna.
Ya el perro, el jardinero, el chofer, la criada
       están allí aplaudiendo.

# ORACIÓN PARA EL FIN DE SIGLO

Nosotros que hemos mirado siempre con ironía e
                                            indulgencia
    los objetos abigarrados del fin de siglo: las
                                            construcciones,
        y las criaturas
        trabadas en oscuras levitas.
Nosotros para quienes el fin de siglo fue a lo sumo
        un grabado y una oración francesa.
Nosotros que creíamos que al final de cien años sólo
                                                    había
        un pájaro negro que levantaba la cofia de una
                                                    abuela.
Nosotros que hemos visto el derrumbe de los
                                            parlamentos
        y el culo remendado del liberalismo.
Nosotros que aprendimos a desconfiar de los mitos
                                            ilustres
        y a quienes nos parece absolutamente imposible
        (inhabitable)
        una sala de candelabros
        una cortina
        y una silla Luis XV.
Nosotros, hijos y nietos ya de terroristas melancólicos
        y de científicos supersticiosos,
        que sabemos que en el día de hoy está el error
        que alguien habrá de condenar mañana.
Nosotros, que estamos viviendo los últimos años
        de este siglo,
        deambulamos, incapaces de improvisar un
                                            movimiento
        que no haya sido concertado;

gesticulamos en un espacio más restringido
que el de las líneas de un grabado;
nos ponemos las oscuras levitas
como si fuéramos a asistir a un parlamento,
mientras los candelabros saltan por la cornisa
y los pájaros negros
rompen la cofia de esta muchacha de voz ronca.

## LOS POETAS CUBANOS YA NO SUEÑAN


Los poetas cubanos ya no sueñan
              (ni siquiera en la noche).

Van a cerrar la puerta para escribir a solas
cuando cruje, de pronto, la madera;
el viento los empuja al garete;
unas manos los cogen por los hombros,
los voltean,
          los ponen frente a frente a otras caras

(hundidas en pantanos ardiendo en el napalm)
y el mundo encima de sus bocas fluye
y está obligado el ojo a ver, a ver, a ver.

# CADA VEZ QUE REGRESO DE ALGÚN VIAJE

Cada vez que regreso de algún viaje
me advierten mis amigos que a mi lado se oye un
                              gran estruendo.
Y no es porque declare con aire soñador
lo hermoso que es el mundo
o gesticule como si anduviera
aún bajo el acueducto romano de Segovia.
Puede ocurrir que llegue
sin agujero en los zapatos,
que mi corbata tenga otro color,
que mi pelo encanezca,
que todas las muchachas recostadas en mi hombro
dejen en mi pecho su temblor,
que esté pegando gritos
o se hayan vuelto
definitivamente sordos mis amigos.

# EL HOMBRE AL MARGEN

El no es el hombre que salta la barrera
sintiéndose ya cogido por su tiempo, ni el fugitivo
oculto en el vagón que jadea
o que huye entre los terroristas, ni el pobre
hombre del pasaporte cancelado
que está siempre acechando una frontera.
El vive más acá del heroísmo
(en esa parte oscura);
pero no se perturba; no se extraña.
No quiere ser un héroe,
ni siquiera el romántico alrededor de quien
pudiera tejerse una leyenda;
pero está condenado a esta vida y, lo que más le
                                              aterra,
fatalmente condenado a su época.
Es un decapitado en la alta noche, que va de un cuarto
                                              al otro,
como un enorme viento que apenas sobrevive con el
                                        viento de afuera.
Cada mañana recomienza
(a la manera de los actores italianos).
Se para en seco como si alguien le arrebatara el
                                              personaje.

Ningún espejo
              se atrevería a copiar
este labio caído, esta sabiduría en bancarrota.

## PARA ACONSEJAR A UNA DAMA

¿Y si empezara por aceptar algunos hechos
como ha aceptado —es un ejemplo— a ese negro
                                    becado
que mea desafiante en su jardín?


Ah, mi señora: por más que baje las cortinas; por más
que oculte la cara solterona; por más que llene
de perras y de gatas esa recalcitrante soledad; por más
que corte los hilos del teléfono
que resuena espantoso en la casa vacía;
por más que sueñe y rabie
no podrá usted borrar la realidad.


Atrévase.
Abra las ventanas de par en par. Quítese el maquillaje
y la bata de dormir y quédese en cueros
como vino usted al mundo.
Echese ahí, gata de la penumbra, recelosa, a esperar.
Aúlle con todos los pulmones.
La cerca es corta; es fácil de saltar,
y en los albergues duermen los estudiantes.
Despiértelos.
Quémese en el proceso, gata o alción; no importa.
Meta a un becado en la cama.
Que sus muslos ilustren la lucha de contrarios.
Que su lengua sea más hábil que toda la dialéctica.
Salga usted vencedora de esta lucha de clases.

# SIEMPRE HE VIVIDO EN CUBA

Yo vivo en Cuba. Siempre
he vivido en Cuba. Esos años de vagar
por el mundo de que tanto han hablado,
son mis mentiras, mis falsificaciones.

Porque yo siempre he estado en Cuba.

Y es cierto
que hubo días de la Revolución
en que la Isla pudo estallar entre las olas;
pero en los aeropuertos,
en los sitios que estuve
sentí
       que me gritaban
              por mi nombre
y al responder
ya estaba en esta orilla
sudando,
      andando,
           en mangas de camisa,
ebrio de viento y de follaje,
cuando el sol y el mar trepan a las terrazas
y cantan su aleluya.

## DICEN LOS VIEJOS BARDOS

No lo olvides, poeta.
En cualquier sitio y época
en que hagas o en que sufras la Historia,
siempre estará acechándote algún poema peligroso.

## SOBRE LOS HÉROES

A los héroes
siempre se les está esperando,
porque son clandestinos
y trastornan el orden de las cosas.
Aparecen un día
fatigados y roncos
en los tanques de guerra,
cubiertos por el polvo del camino,
haciendo ruido con las botas.
Los héroes no dialogan
pero planean con emoción
la vida fascinante de mañana
Los héroes nos dirigen
y nos ponen delante del asombro del mundo.
Nos otorgan incluso
su parte de Inmortales.
Batallan
con nuestra soledad
y nuestros vituperios.
Modifican a su modo el terror.
Y al final nos imponen
la furiosa esperanza.

## MIS AMIGOS NO DEBERÍAN EXIGIRME

Mis amigos no deberían exigirme
que rechace estos símbolos perplejos
que han asaltado mi cultura.

(Ellos afirman que es inglesa.)

No deberían exigirme
que me quite la máscara de guerra,
que no avance orgulloso sobre esta isla de coral.

Pero yo, en realidad, voy como puedo.
Si ando muy lejos debe ser porque el mundo
lo decide.

Pero ellos no deberían exigirme
que levante otro árbol de sentencias
sobre la soledad de los niños casuales.

Yo rechazo su terca persuasión de última hora,
las emboscadas que me han tendido.
Que de una vez aprendan que sólo siento amor
por el desobediente de los poemas sin ataduras
que están entrando en la gran marcha
donde camina el que suscribe,
como un buen rey, al frente.

## POÉTICA

Di la verdad.
Di, al menos, tu verdad.
Y después
deja que cualquier cosa ocurra:
que te rompan la página querida,
que te tumben a pedradas la puerta,
que la gente
se amontone delante de tu cuerpo
como si fueras
un prodigio o un muerto.

## ESE HOMBRE

*A J. Fucik*

El amor, la tristeza, la guerra
abren su puerta cada día, brincan
sobre su cama
                        y él no les dice nada.
Cogen su perro y lo degüellan, lo tiran
a un rincón
                        y no les dice nada.
Dejan su pecho hundido
a culatazos
                        y no dice nada.
Casi lo entierran
vivo
                        y no les dice nada

¿El qué puede decirles?
Aunque lo hagan echar espuma
por la boca,
él lucha, él vive,
él preña a sus mujeres,
contradice la muerte a cada instante.


*A José Lezama Lima*

Hace algún tiempo
como un muchacho enfurecido frente a sus manos
                                    atareadas
en poner trampas
                para que nadie se acercara,
nadie sino el más hondo,

28

nadie sino el que tiene
          un corazón en el pico del aura,
me detuve a la puerta de su casa
para gritar que no,
          para advertirle
que la refriega contra usted ya había comenzado.


Usted observaba todo.
Imagino que no dejaba usted de fumar grandes
                                        cigarros,
que continuaba usted escribiendo
          entre los grandes humos.


¿Y qué pude hacer yo,
          si en su casa de vidrio de colores
hasta el cielo de Cuba lo apoyaba?

## HOMENAJE A HUIDOBRO

No pudimos hacerla florecer en el poema
y la dejamos en el jardín,
que es su lugar natural.

## ANTONIA EIRIZ

Esta mujer no pinta sus cuadros
para que nosotros digamos: "¡Qué cosas más raras
salen de la cabeza de esta pintora!"
Ella es una mujer de ojos enormes.
Con estos ojos cualquier mujer podría
desfigurar el mundo si se lo propusiera.
Pero esas caras que surgen como debajo de un
                                                      puñetazo,
esos labios torcidos
que ni siquiera cubren la piedad de una mancha,
esos trazos que aparecen de pronto
como viejas bribonas;
en realidad no existirían
si cada uno de nosotros no los metiera diariamente
en la cartera de Antonia Eiriz.
Al menos, yo me he reconocido
en el montón de que me saca todavía agitándome,
viendo a mis ojos entrar en esos globos
que ella misteriosamente halla;
y, sobre todo, sintiéndome tan cerca
de esos demagogos que ella pinta,
que parece que van a decir tantas cosas
y al cabo no se atreven a decir absolutamente nada.

## EL ACTO

Impulsado por la muchedumbre
o por alguna súbita locura; vestido como cualquiera
de nosotros, con una tela a rayas
(ya demasiado pálida); la cara larga
que no podría describir
aunque me lo propusiera, y todo el cielo arriba
de modo que cuando sonreía
estaban todo el cielo y su locura,
el pobre hombre soportó el ataque.

Y antes de que corriera medio metro
ya estábamos pensando que éste sería el último
acto que retendríamos de él
(porque usualmente gente de su calaña
se pierden en los barrios, se mueren
y aparecen un día, de pronto, en los periódicos).
Pero lo cierto es que resistió el ataque
y se lanzó al verano, al vacío.
O lo lanzaron
(estas cosas nunca se saben bien).
El hombre estaba allí, cuando lo vimos,
                                    ensangrentado,
tambaleándose, en el jardín.
Se lo llevaron medio muerto.
Pero el intenso azul no desaparecía de sus ojos,
de modo que aunque no sonreía, ahí estaban
todo el azul del cielo y su locura.
La noche entera se la pasó gritando, hasta el final.

## PAISAJES

Se pueden ver a lo largo de toda Cuba.
Verdes o rojos o amarillos, descascarándose con el
$$\text{agua}$$
y el sol, verdaderos paisajes de estos tiempos
de guerra.
El viento arranca los letreros de Coca-Cola.
Los relojes cortesía de Canada Dry están parados en la hora vieja.
Chisporrotean, rotos, bajo la lluvia, los anuncios de
$$\text{neón.}$$
Uno de Standard Oil Company queda algo así como
$$\text{S} \qquad \text{O} \qquad \text{Compa y}$$
y encima hay unas letras toscas
con que alguien ha escrito PATRIA O MUERTE.

## LA VUELTA

Te has despertado por lo menos mil veces
buscando la casa en que tus padres te protegían
                                        contra el mal
tiempo, buscando
el pozo negro donde oías el tropel
de las ranas, las tataguas que el viento hacía volar
a cada instante.

Y ahora que es imposible
te pones a gritar en el cuarto vacío
cuando hasta el árbol del potrero
canta mejor que tú el aria de los años perdidos.

Ya eres el personaje que observa, el rencoroso,
cogido, irremediable, por lo que ves
y mañana te será tan ajeno como hoy le eres
a todo cuanto pasó sin que fueras capaz
de comprenderlo,
y el pozo seguirá cantando lleno de ranas
y no podrás oírlas
aunque peguen brincos delante de tu oreja;
y no sólo tataguas, sino tu propio hijo
ya ha comenzado a devorarte
y ahora lo estás mirando vestido con tu traje,
meando detrás del cementerio, con tu boca
y tus ojos y tú como si tal cosa.

# LOS QUE SE ALEJAN SIEMPRE SON LOS NIÑOS

Los que se alejan siempre son los niños,
sus dedos aferrados a las grandes maletas
donde las madres guardan los sueños y el horror.

En los andenes y en los aeropuertos
lo observan todo
como si dijeran: "¿Adónde iremos hoy?"
Los que se alejan siempre son los niños.
Nos dejan cuerdecillas nerviosas, invisibles.
Por la noche nos tiran, tenaces, de la piel;
pero siempre se alejan, dando saltos, cantando
en ruedas (algunos van llorando)
hasta que ni siquiera un padre los puede oír.

# HÁBITOS

Cada mañana
me levanto, me baño,
hago correr el agua
                    y siempre una palabra
me sale al paso feroz
inunda el grifo donde mi ojo resbala.

## EL LUGAR DEL AMOR

Siempre, más allá de tus hombros veo al mundo.
Chispea bajo los temporales.
Es un pedazo de madera podrida, un farol viejo
que alguien menea como a contracorriente.
El mundo que nuestros cuerpos
(que nuestra soledad) no pueden abolir,
un siglo de zapadores y hombres
ranas debajo de tu almohada,
en el lugar en que tus hombros
se hacen más tibios y más frágiles.
Siempre, más allá de tus hombros
(es algo que ya nunca podremos evitar)
hay una lista de desaparecidos,
hay una aldea destruida,
hay un niño que tiembla.

## UNA MUCHACHA SE ESTÁ MURIENDO ENTRE MIS BRAZOS

Una muchacha se está muriendo entre mis brazos.
Dice que es la desconcertada de un peligro mayor.
Que anduvo noche y día para encontrar mi casa.
Que ama las piedras grises de mi cuarto.
Dice que tiene el nombre de la Reina de Saba.
Que quiere hacerse cargo de mis hijos.
Una muchacha larga como las garzas.
Una muchacha forrada de plumajes,
suave como un plumón.
Una cabeza sin ganas de vivir.
Unos pechitos tibios debajo de la blusa.
Unos labios más blancos que la córnea de su ojo,
unos brazos colgando de mi cuello,
una muchacha muriéndose irremediablemente
                                    entre mis brazos,
torpe, como se mueren las muchachas;
acusando a los hombres,
reclamando, la pobre, para este amor
de última hora
una imposible salvación.

# EL ÚNICO POEMA

Entre la realidad y el imposible
se bambolea el único poema. Retenlo
con las manos, o con las uñas, o con los ojos
(si es que puedes) o la respiración ansiosa.
Dótalo, con paciencia, de tu amor
(que él vive solo entre las cosas).
Dale rechazos que vencer
y otra exigencia
mucho mayor que un límite,
que un goce.
Que te descubra diestro, porque es ágil;
con los oídos alertas, porque es sordo;
con los ojos muy abiertos, porque es ciego.

## LA VISITANTE


Mi absurda persuasión abriéndole cada noche la
                                                    puerta;
pero la poesía no entra.
Ella no elije noches parar entrar. Ningún
dominio impone —como afirman— de noche.

A cualquier hora el mundo la desplaza
y ella mete en los ojos un círculo perplejo.
Es que llega del polvo,
involuntaria.

¿Quién va a pararse entonces?
¿Quién va a asomarse para verla?
¿Quién es capaz de abrirle,
de hablarle a esa extranjera?

# ESCRITO EN AMÉRICA

Ámalo, por favor, que es el herido
que redactaba tus proclamas,
el que esperas que llegue a cada huelga;
el que ahora mismo tal vez estén sacando de una casa a bofetadas,
el que andan siempre buscando en todas partes
como a un canalla.

## AÑOS DESPUÉS

Cuando alguien muere,
alguien (ese enemigo) muere
de frente al plomo que lo mata,
¿qué recuerdos,
qué mundo amargo, nuestro, se aniquila?

Porque los enemigos salen, al alba, a morir.

Se les juzga.
Se les prueba su culpa.
Pero, de todos modos, salen luego a morir.

Yo pienso en los que mueren.
En los que huyen.
En esos que no entienden
o que (entendiendo) se acobardan.
Pienso en los botes negros
zarpando (a medianoche) llenos de fugitivos.
Y pienso en los que sufren y que ríen,
en los que luchan a mi lado
tremendamente.
Y en todo cuento nace.
Y cuanto muere.
Pero, Revolución, no desertamos.
Los hombres vamos a cantar tus viejos himnos;
a levantar tus nuevas consignas de combate.
A seguir escribiendo con tu yeso implacable
el Patria o Muerte.

# FUERA DEL JUEGO

*A Yannis Ritzos, en una cárcel de Grecia.*


¡Al poeta, despídanlo!
Ese no tiene aquí nada que hacer.
No entra en el juego.
No se entusiasma.
No pone en claro su mensaje.
No repara siquiera en los milagros.
Se pasa el día entero cavilando.
Encuentra siempre algo que objetar.

¡A ese tipo, despídanlo!
Echen a un lado al aguafiestas,
a ese malhumorado
del verano,
con gafas negras
bajo el sol que nace.
Siempre
le sedujeron las andanzas
y las bellas catástrofes
del tiempo sin Historia.
Es
      incluso
           anticuado.
Sólo le gusta el viejo Amstrong.
Tararea, a la sumo,
una canción de Pete Seeger.
Canta,
      entre dientes,
           La Guantanamera.

43

Pero no hay
quien lo haga abrir la boca,
pero no hay
quien lo haga sonreír
cada vez que comienza el espectáculo
y brincan
los payasos por la escena;
cunado las cacatúas
confunden el amor con el terror
y está crujiendo el escenario
y truenan los metales
y los cueros
y todo el mundo salta,
se inclina,
retrocede,
sonríe,
abre la boca

> "Pues sí,
> claro que sí,
> por supuesto que sí..."

Y bailan todos bien,
bailan bonito,
como les piden que sea el baile.
¡A ese tipo, despídanlo!
Ese no tiene aquí nada que hacer.

## LA SOMBRILLA NUCLEAR

*A R. F. R.*

Los viajeros tal vez,
pero yo no estoy seguro de que pueda encontrar una
                                                    zona de
        protección.
En el mundo ya no quedan zonas de protección.
Cuando subo escaleras de cualquier edificio de
                                        una ciudad
de Europa,
        leo con indulgencia: "Shelter Zone"
y respiro confiado;
pero al llegar al último escalón
me vuelvo hacia el cartel
que sobrevive como las antiguallas.

Los anuncios de protección
son artilugios que decoran nuestra moral desesperada.
Ni siquiera hay ciudades modernas.
Todas las calles están situadas en la antigüedad,
pero nosotros vivimos ya en el porvenir.
Más de una vez compruebo
que estoy abriendo las puertas y ventanas
de una casa arruinada.
Los toldos de los cafés al aire libre han echado a rodar
Los comerciantes sobrevuelan las calles,
cortan el tránsito como una flor.
Pero yo no soy un profeta ni un mago ni un logrero
que pudiera deshacer los enigmas contemporáneos,
explicar de algún modo esta explosión.
No soy más que un viajante de Comercio Exterior,

un agente político con pasaporte diplomático,
un terrorista con apariencia de letrado,
un cubano (sépanlo de una vez),
el tipo a quien observa siempre la policía de la aduana.
Hace tres horas que están registrando desaforadamente mi equipaje.


## 2


Usted,
        señor viceministro de Política Comercial,
joven, ligeramente hepático, admirable, con

                                        experiencias
del pasado,
no podía sospechar esta escena.
Usted discutió el plan, señaló el viaje
        para el 20 de enero de 1966;
        pero ignoraba
que todos los proyectos estarían arruinados este día.
        Mi único error
consistió en no advertirle que un veinte de enero
                                        nací yo.


## 3


        De la adivinación,
de la pequeña trampa de la inmortalidad,
        vivieron los antiguos;
y nosotros somos su porvenir y continuamos
viviendo de la superstición de los antiguos.
        Nosotros somos
el proyecto de Marx, el hedor de los grandes cadáveres
que se pudrían
        a la orilla del Neva

para que un dirigente acierte o se equivoque,
para que me embarque y rete a la posteridad
        que me contempla
desde los ojos de un gerente
        que ahora mismo
leyó mi nombre de funcionario
        en su tarjeta de visita.


**4**


Las horas van tan rápidas que me atraso a mi vida.
Ya tengo hasta el horror
        y hasta el remordimiento de pasado mañana.
Me sorprendo, de pronto, analizando el mecanismo
                                de mi serenidad,
        viajando
                entre el este y el oeste.
                a tantos metros de altitud,
observado, sonriente, por la azafata que no sabe
que soy de un continente de luchas y de sangre.
¿Es que la flor de mi solapa me traiciona?
¿Y quién diablos puso esta flor en mi solapa como una
*rueda insólita* en mi cama?


**5**


Ese hombre que fornica desesperadamente en
                                hoteles de paso.
Ese desconcertado que se frota las manos,
el charlatán sarcástico y a menudo sombrío,
solo como un profeta,
        por supuesto, soy yo.

Me estoy vistiendo en un hotel de Budapest,
                                        deformado
        por otra luna y otro espejo.
Feo; pero el Danubio es lindo y corre bajo los puentes.
Viejo en sotana, Berkeley, yo te doy la razón:
esas aguas no existen, yo las recreo igual que a esta
                                        ciudad.
A un lado Buda,
                al otro lado Pest,
                            un poco más allá está Obuda.
        Aquí hubo una contrarrevolución en 1956;
        pero sólo los viejos la recuerdan.
Intente usted decirlo a estos adolescentes que se
                                        devoran
en los cafés al aire libre, en el pleno verano.
Una muchacha judía me dice que tiene visa para ir
                                        a Viena
        (y con cincuenta dólares).
Un poeta me cuenta que ya circulan por el país
libros de editoriales extranjeras
        ("y han regresado muchos exiliados").
Bebe; se achispa y me recita la Oda a Bartók,
                                de Gyulla Illyés.
Otro me dice que casi está prohibido hablar de guerrilleros,
que él ha escrito un poema
pidiendo un lugar en la prensa
        para los muertos de Viet Nam.
Luego vamos al restaurante; bebemos vino con
                                        manzanas;
comemos carne de cordero
        con aguardiente de ciruelas,
"Pero esta paz (grita Judith como quien emergiera
                                        del lago
        Balatón). Esta paz es una inmoralidad."

**6**

Yo he visto a los bailarines de ballet, en París,
                                                    comparar
        capas de nylon.
Las vendían después a cien rublos en Moscú.
        En una plaza enorme
me querían comprar mi capita de nylon.
        Era un adolescente. Se dirigió a mí en inglés.
Le dije mi nacionalidad
        y me observó un instante.
        Súbitamente echó a correr.

En medio de la fría, de la realmente hermosa y fría
        primavera de Moscú,
        yo he visto las capitas
        azules,
        ocres,
        pardas.
        Las estuve mirando
hasta que terminó el verano. Flotaban
sobre los transeúntes,
        occidentales, tibias,
        (parecían orlas)
a bajo precio en Roma, a bajo precio en Londres,
a bajo precio en Madrid;
        la industria química esforzada
en las astutas combinaciones del mercado
para que un bailarín las compre apresuradamente,
a la salida de un ensayo,
        en los supermercados de Paris;
miles de bailarines revendiendo, comprándolas,
                                                    ocultándolas
como demonios diestros en las maletas anticuadas.

Imposible, Drumond, componer un poema a esta
altura de la civilización.
El último trovador murió en 1914.
Imposible detenerse a encontrar, no diré yo la calma
que uno se tiene de sobra desdeñada,
    sino una simple cabaña de madera,
    una ventana sin radar,
una mesa de pino sin mapas, sin las reglas de cálculo.
¿De qué lado caerá algún día mi cabeza?
¿Cuánto dará la CIA por la cabeza de un poeta, vivo
o muerto?
¿En qué idioma oiremos una noche, o una tarde, el
alerta
    en la áspera voz de los gramófonos?
Porque nadie vendrá a calmar a los amantes o a los
desesperados.
(Se salvará el que pueda, y el resto a la puñeta).
Ya ni siquiera es un secreto que los conjuntos
folklóricos
    fueron adoctrinados
    y cualquier melodía predispone al desastre.
¿Dónde pudiera uno meterse, al cruzar una esquina,
después
de haber oído las últimas noticias?
Efectivamente,
    alguien puede ocultarse en los tragantes,
    o en las alcantarillas,
    o en los tiros de las chimeneas.
Han visto gente armada saliendo de las cuevas,
calándose
las gorras desteñidas;
    hacen rápidos mapas en el polvo, son expertos
en la feroz alianza de un palo y de una piedra

(todo cuanto arruine y devaste).
Somos los hijos de estas ciudades maravillosamente
                                        adecuadas
        para la bomba.
Lo mejor
        (y lo único que podemos hacer por el momento)
        es salir de nuestras bibliotecas
a ventilar los piojos que se abren paso en nuestras
                                        páginas;
        porque ya para siempre
hemos perdido el único tren que pudo escapar a la
                                        explosión.

## ESTADO DE SITIO

¿Por qué están esos pájaros cantando
si el milano y la zorra se han hecho dueños de la
situación
y están pidiendo silencio?

Muy pronto el guardabosques tendrá que darse
cuenta,
pero será muy tarde.

Los niños no supieron mantener el secreto de sus
padres
y el sitio en que se ocultaba la familia
fue descubierto en menos de lo que canta un gallo.

Dichosos los que miran como piedras,
más elocuentes que una piedra, porque la época es
terrible.

La vida hay que vivirla en los refugios,
debajo de la tierra.
Las insignias más bellas que dibujamos en los
cuadernos
escolares siempre conducen a la muerte.
Y el coraje, ¿qué es sin una ametralladora?

## LOS ALQUIMISTAS

Cuando la magia estaba en bancarrota,
en esos días que se parecen tanto a la dimisión
de los cuervos
(ya sin augurios la piedra filosofal)
ellos cogieron una idea,
una formulación rabiosa de la vida,
y la hicieron girar
como a la bola del astrólogo;
miles de manos desolladas
haciéndola girar
como una puta vuelta a violar entre los hombres,
pero ya de la idea sólo quedaba su enemigo.

## CANTAN LOS NUEVOS CÉSARES

Nosotros seguimos construyendo el Imperio.
Es difícil construir un imperio
cuando se anhela toda la inocencia del mundo.
Pero da gusto construirlo
con esta lealtad
y esta unidad política
con que lo estamos construyendo nosotros.
Hemos abierto casas para los dictadores
y para sus ministros,
avenidas
para llenarlas de fanfarrias
en la noche de las celebraciones,
establos para las bestias de carga, y promulgamos
leyes más espontáneas
que verdugos,
y ya hasta nos conmueve ese sonido
que hace la campanilla de la puerta donde vino a
                                        instalarse
el prestamista.
Todavía lo estamos construyendo
con todas las de la ley
con su obispo y su puta y por supuesto muchos
                                        policías.

## TAMBIÉN LOS HUMILLADOS

Ahí está nuevamente la miserable humillación,
mirándote con los ojos del perro,
lanzándote contra las nuevas fechas
y los nombres.

¡Levántate, miedoso,
y vuelve a tu agujero como ayer, despreciado,
inclinando otra vez la cabeza,
que la Historia es el golpe que debes aprender a
                                    resistir.
La Historia es este sitio que nos afirma y nos desgarra.
La Historia es esta rata que cada noche sube la
                                    escalera.
La Historia es el canalla
que se acuesta de un salto también con la Gran Puta.

# UNA ÉPOCA PARA HABLAR

*A Archibald MacLeish*

Los poetas griegos y romanos
apenas escribieron sobre doncellas, lunas y flores.
Esto es cierto, MacLeish.
Y ahí están sus poemas que sobreviven:
con guerras, con política, con amor
(todo clase de amor),
con dioses, por supuesto, también
(todo clase de dioses)
y con muertes
(las muchas y muy variadas formas de la muerte).
Nos mostraron su tiempo
(su economía, su política)
mucho mejor que aquellos con quienes convivían.
Tenían capacidad para exponer su mundo.
Su poesía era discurso público.
Llegaba a conclusiones.
Esto es cierto, MacLeish.
Y de nosotros ¿qué quedará,
atravesados como estamos por una historia en marcha,
sintiendo más devoradoramente día tras día
que el acto de escribir y el de vivir se nos confunden?

## ESCENA

—¡*No se pueden mezclar y las mezclamos.*
*Revolución y Religión no riman!*

Se desgarraba el pobre bajo los reflectores,
contraído,
agachado,
esperando
      el último bofetón.

# EL ABEDUL DE HIERRO

# YO VI CAER UN BÚHO

Yo vi caer un búho
desde las ramas altas,
hecho polvo,
hecho ruina;
lo miraba caer continuamente
a las puertas de Rusia.

Lo vi como estiraba
la pata negra al sol.
Franqueaba la ilusión,
las añagazas,
y el ala,
el pico roto
por la nieve
volaba siempre, el incesante.

## INSTRUCCIONES
## PARA INGRESAR EN UNA NUEVA SOCIEDAD

Lo primero: optimista.
Lo segundo: atildado, comedido, obediente.
(Haber pasado todas las pruebas deportivas).
Y finalmente andar
como lo hace cada miembro:
un paso al frente, y
dos o tres atrás:
pero siempre aplaudiendo.

## ACECHANZAS

¿A quién doy realidad
cuando bajo de noche la escalera
y veo al impasible caballero
—con su ojo gris de estaño—
esperando, acechando?

Y hasta pudiera ser irreal,
el polvillo de unos zapatos,
al día siguiente, es siempre la única huella.

Pero entra ya en mi casa
—hombre o deidad—
que ahí están mis poemas, listos al fin,
y esperan.

## EL ABEDUL DE HIERRO

En los bosques de Rusia
yo he visto un abedul.
Un abedul de hierro,
un abedul que lanza como los electrones
su nudo de energía y movimiento.
Y cuando cae la luvia de sus ramas
el bosque se estremece
con un ruido
                    más lánguido
                              y más lento
que los yambos de Pushkin.

A caballo,
metido por la maleza,
a ciegas,
oigo el rumor que llega
desde el centro del monte
donde está el abedul.

Las ortegas escalan por su tronco,
los pájaros confunden sus hojas con las ramas,
las ardillas rehuyen su corteza;
encandila el espacio de su sombra.

Si alguien lo mueve
él pega saltos increíbles.
Si alguien lo corta
él entra, súbito,
en el horror de sus batallas.
Si alguien lo observa,
él se vuelve un centinela de atalaya

(en Narilsk o Intá).
Los uros lo olfatean,
pero su sangre se cristaliza
como las aguas en invierno.

En los bosques de Rusia
yo he visto ese abedul.
En él están todas las guerras,
todo el horror,
toda la dicha.
Un abedul de hierro
hecho a prueba de balas y de siglos.
Un abedul que sueña y gime.
Que canta, lucha y gime.
Todos los muertos que hay en Rusia
le suben por la savia.

## BAJORRELIEVE PARA LOS CONDENADOS

El puñetazo en plena cara
y el empujón a medianoche son la flor de los
                                        condenados.
El *vamos , coño, y acaba de decirlo todo de una vez,*
es el crisantemo de los condenados.
No hay luna más radiante
que esa lápida enorme que cae de noche entre los
                                        condenados.
No hay armazón que pueda apuntalar huesos de
                                        condenados.
La peste y la luz encaramadas como una gata rodeando
                        la mazmorra;
todo lo que lanzó la propaganda
como quien dona un patíbulo;
el *Haga el amor no haga la guerra*
(esos lemitas importados de Europa)
son patadas en los testículos de los condenados.
Los transeúntes que compran los periódicos del
                                        mediodía
por pura curiosidad, son los verdugos de los
                                        condenados.

## CANCIÓN DEL JOVEN TAMBOR

Para seguir la música
en las líneas de fuego,
ensayé tantos ritmos
torpes y olvidados.

Para aumentar la marcha
andando entre los hombres,
redoblé en tantos pueblos
destruidos o muertos.

En las noches de invierno
estuve muy enfermo.
Me contentaba el baile
de las niñas rapaces.

"Hay un color extraño
en los árboles nuevos"
grita el joven poeta
que se va a proclamar su certidumbre.

"El aire está podrido
encima de los techos"
chillan las viejas europeas flacas.

Pero yo (no lo digas a nadie)
me oculto como un niño,
aceito bien la trampa,
adivino soldados dondequiera,
oscuridad, y rezos.

# CANCIÓN DE LA TORRE SPÁSKAYA

El guardián
de la torre de Spáskaya
no sabe
que su torre es de viento.
No sabe
que sobre el pavimento
aún persiste la huella
de las ejecuciones.
Que a veces
salta un pámpano sangriento.
Que suenan las canciones
de la corte deshecha.
Que en la negra buhardilla
acechan los mirones.
No sabe
que no hay terror que pueda
ocultarse en el viento.

## CANTO DE LAS NODRIZAS

Niños: vestíos
a la usanza de la reina Victoria
y ensayemos a Shakespeare:
nos ha enseñado muchas cosas.
Sé tú el paje,
y tú espía en la corte, y tú
la oreja que oye detrás de una cortina.
Nosotras
llevaremos puñales en las faldas.

Ensayemos a Shakespeare, niños;
nos ha enseñado muchas cosas.

Del carruaje
ya han bajado los cómicos.
¿Divertirán de nuevo a un príncipe danés,
o la farsa es realmente pretexto,
un bello ardid contra las tiranías?
¿Y qué ocurre si al bajar el telón
el veneno no ha entrado aún en la oreja,
o simplemente Horacio no ha visto al Rey
(todo fue una mentira)
y ni siquiera Hamlet puede dar fe
de que existiera
esa voz que usurpaba
aquel tiempo a la noche?
Ensayemos a Shakespeare, niños;
nos ha ensañado muchas cosas.

# CANCIÓN DE UN LADO A OTRO

*A Alberto Martínez Herrera*


Cuando yo era un poeta que me paseaba
por las calles del Kremlin,
culto en los más oscuros crímenes de Stalin,
Ala y Katiushka preferían
acariciarme la cabeza,
mi curioso ejemplar de patíbulo.

Cuando yo era un científico
recorriendo Laponia,
compré todos los mapas en los andenes de
                                    Helsinski,

Saarikovski paseaba su búho de un lado a otro.
Apenas pude detenerme en el Sur.
Las saunas balanceándose al fondo de los lagos
y en la frontera rusa abandoné a mi amor.


Cuando yo era un bendito,
un escuálido y pobre enamorado
de la armadura del Quijote,
adquirí mi locura y este viejo reloj fuera de época.

Oh mundo, verdad que tus fronteras son
                                    indescriptibles.
Con cárceles y ciudades mojadas y vías férreas.
Lo sabe quien te recorre como yo:
un ojo de cristal
y el otro que aún se disputan el niño y el profeta.

## PARA MASHA, QUE CANTABA BALADAS

¿Qué balada puedes cantar ahora,
Masha, en pleno invierno, sin recordar la casa
que abandonaste aprisa, ágil como un demonio,
por no perder el tren de Odessa,
que fue, después de todo, nuestro último tren?

¿En qué balada
tu linda voz tristísima subiendo, abriendo
el techo, mientras combas la cintura de avispa?

Baladas a la guerra, muy simples:
sangre y llanto.

Y tú,
bajo los reflectores,
entre gente habituada a tu melancolía.
¿En qué balada que no escuché
te extremas, te demoras?
¿Quién viene cada noche a esperarte y abre
la portezuela de su coche para que te reclines?
¿A quién cubres ahora de artimañas, de besos?

## LOS ENAMORADOS DEL BOSQUE IZMAILOVO

La primavera le da la razón.
El viento lo inunda y puede descifrarlo.
Los árboles pueden comprenderlo.
La vida quiere dialogar con él.

¡Porque hoy este hombre ama!

Inmenso tren, detente
en medio de la vía
para que veas al dichoso.
El poeta rompió su caja de penumbras,
huyó de pronto aquel dolor que traicionaba su poesía
y hoy lo acoge este bosque
donde ella se reclina
y el temblor de su pelo en el aire salvaje.

Su sangre es más ligera
cuando siente su piel. Sus labios
se abren dóciles al roce de estos labios,
la claridad del mundo resbala por su sien,
cae a trozos en la yerba,
transparenta el abrazo,
y entre los poros de esta muchacha él vive,
en toda soledad busca su forma única,
sobre los hombres débiles de niña
él sueña que se apoya la fuerza de la vida.

Detente, explorador,
y de una vez enfoca
tu catalejo escéptico
para que veas a éste: el triste, el solitario

quiere plantar los abedules
que hagan más ancho el cielo de Izmailovo,
con su tibia penumbra de hojarascas y pájaros.

¡Porque hoy este hombre ama!

Y el cartero que sale de un local desolado
lleva su nombre ardiendo en el bolsillo:
las ortegas que huyen presurosas,
la ardilla que contempla el fruto aún verde
la elogian, la celebran;
las flores de Tashken, las crujientes
brujitas de Lituania
los grandes arces ucranianos
tejen guirnaldas para su sorprendente
cabeza de hechizada.

Y él anda loco, habla con todo el mundo;
la lleva de la mano, la conduce.
Y al regresar en metro hasta su casa,
sube corriendo, alegre, la escalera,
desde la buhardilla
contempla el sol que pica
sobre la plaza enorme,
pero al abrir los libros de Blok y de Esenine
descubre nuevos agujeros,
y hoy siente piedad por la polilla.

## LOS HOMBRE NUEVOS

Cuando los últimos disparos
resonaban en el turbio canal,
y a través de los vidrios deshechos
se empezaba a borrar el humo negro;
miramos, anhelantes,
sin advertir siquiera
que junto a la caserna abandonada,
bajo los parapetos corroídos
por la sangre y la lluvia,
ellos habían crecido
(sus ojos y sus manos y sus pelos)
y salían gritado hacia el jardín desierto:

"¡La vida es este sueño! ¡La vida es este sueño!"

Pero la vida, ¿era este sueño?
¿De verdad que pensabas en serio, mi viejo
Calderón de la Barca, que la vida es un sueño?

## LA TEORÍA Y LA PRACTICA

No sabemos exactamente
lo que hicieron contigo todos estos años,
y siempre que te alzaste sobre nuestra impaciencia
de echarte a andar entre los hombres,
saltaba tu cabeza de títere perplejo
a repetir el círculo vicioso de lucha y de terror.

## EL HOMBRE QUE DEVORA
## LOS PERIÓDICOS DE NUESTROS DÍAS


El hombre que devora los periódicos de nuestra época
    no está en un circo como los trapecistas o los come
    candela.
Si hace un poco de sol se le puede encontrar en los
    parques nevados o entrando en el Metro, arrastrado
    por sus hábitos de lector.
Es un experto en la credulidad de nuestro tiempo este
    reconcentrado.
La vida pasa en torno a él, no lo perturba, no lo
                                 alcanza.
Los pájaros lo sobrevuelan como a la estatua de la
    Plaza de Pushkin.
Habitualmente, los pájaros lo cagan, lo picotean como
    a un tablón flotante.

# ARTE Y OFICIO

*A los censores*


Se pasaron la vida diseñando un patíbulo
que recobrase —después de cada ejecución—
su inocencia perdida.
Y apareció el patíbulo,
diestro como un obrero de avanzada.
¡Un millón de cabezas cada noche!
Y al otro día más inocente
que un conductor en la estación de trenes,
verdugo y con tareas de poeta.

# LA HORA

"El, ella o ello..."
Unamuno

*A Haydée y Gustavo Eguren*

Mi hora vendrá,
hará una seña en la escalera
y subirá a mi cuarto
donde arderá la estufa;
si en Londres,
estará el té dispuesto para ella;
si en Moscú,
tendrá todos los metros de mi casa
frente a la plaza de Smolensk.

Mi hora vendrá
(mi sola hora de gloria)
se asomará a la puerta,
y al mirarme dormido
cerca de la ventana de cristales
por donde puedo ver
el puente Borodino,
echará su elemento
entre mis ojos raros
y no sentiré el peso
como si me tocara
un ala en pleno vuelo.

Mi hora vendrá
me llamará despacio
con el zurrido ajeno
de las bocas que han dicho
mi nombre en todas partes,

de las bocas hundidas
en aquel sótano de Lyons,
de las bocas cansadas
de un barrio de New York,
de mi boca de niño
desenredando el nombre
sombrío de las cosas.

Pero sé que vendrá.
Lo mismo que una madre.
Se sentará a mi lado,
ciñéndose la falda con la mano huesuda,
el seno breve
se agitará de prisa para decirme:
"Todos los trenes que esperaba,
se retrasaron tanto,
niño mío..."

Y estará fatigada
(siempre se está después de un largo viaje)
y buscará
(debajo de mis gafas nubladas)
la víspera asombrosa
de verla vieja y niña.
Entonces
todas las casas que conozco
serán su única casa,
todas las furias de mi vida
serán su única furia,
todos los miedos de mi madre
serán su único miedo,
todos los cuerpos que ha deseado
serán su único cuerpo,
todas las hambres que he sufrido
serán su única hambre.

Y yo estaré callado
para que no descubra
el sobresalto de mi piel
atenta al ruido de su paso.


## II


Te esperaré,
hora mía entre todas las horas de la tierra.
No habrá sueño o fatiga
que depongan el párpado entreabierto.
De espiar tu señal
siempre ha dolido mi ojo en vela.
Ahora espero de ti mis proezas, mis magias.

Como bajo la carpa de los circos,
del trapecio más alto
cuelga tú mi cabeza ardiente y elegida.
Como en las noches de Noruega
dora al fin mi vestigio de tu lumbre más alta.

Soy el viajero que va al Sur,
descúbreme, cantando, la tierra de tu paso.
Este es el centro del invierno,
cúbreme ya de todo el fuego.

Haz que mis libros tengan
tu fuerza y mi vehemencia. Di al mundo:
"amó, luchó".
Arráncame la costra impersonal.
Redúceme, aterido,
entre tus manos diestras.

Que de algún modo sepan
que no todo fue inútil,
que tuvieron sentido mi impaciencia,
mi canto.

# PARA ESCRIBIR EN EL ÁLBUM DE UN TIRANO

Protégete de los vacilantes,
porque un día sabrán lo que no quieren.
Protégete de los balbucientes,
de Juan-el-gago, Pedro-el-mudo,
porque descubrirán un día su voz fuerte.
Protégete de los tímidos y los apabullados,
porque un día dejarán de ponerse de pie cuando entres.

# LOS VIEJOS POETAS, LOS VIEJOS MAESTROS

Los viejos poetas, los viejos maestros realmente
    duchos en el terror de nuestra época, se han puesto
    todos a morir.
Yo sobrevivo, lo que pudiera calificarse de milagro,
    entre los jóvenes.
Examino los documentos:
    los mapas, la escalada, las rampas de lanzamiento,
    las sombrillas nucleares, la Ley del valor,
    la sucia guerra de Viet Nam.
Yo asisto a los congresos del tercer mundo y firmo
    manifiesto y mi mesa está llena de cartas y
    telegramas y periódicos;
    pero mi secreta y casi desesperante obsesión
    es encontrar a un hombre,
    a un niño,
    a una mujer
    capaces de afrontar este siglo
con la cabeza a salvo, con un juego sin riesgos
o un parto, por lo menos, sin dolor.

## NO FUE UN POETA DEL PORVENIR

Dirán un día:
él no tuvo visiones que puedan añadirse a la
posteridad.
No poseyó el talento de un profeta.
No encontró esfinges que interrogar
ni hechiceras que leyeran en la mano de su muchacha
el terror con que oían
las noticias y los partes de guerra.
Definitivamente él no fue un poeta del porvenir.
Habló mucho de los tiempos difíciles
y analizó las ruinas,
pero no fue capaz de apuntalarlas.
Siempre anduvo con ceniza en los hombros.
No develó ni siquiera un misterio.
No fue la primera ni la última figura de un cuadrivio.
Octavio Paz ya nunca se ocupará de él.
No será ni un ejemplo en los ensayos de Retamar.
Ni Alomá ni Rodríguez Rivera
Ni Wichy el pelirrojo
se ocuparán de él.
La Estilística tampoco se ocupará de él.
No hobo nada extralógico en su lengua.
Envejeció de claridad.
Fue más directo que un objeto.

# VÁMONOS, CUERVO

y ahora,
*Vámonos, cuervo,* no *a fecundar la cueva*
que ha parido
y llena el mundo de alas negras.
Vámonos a buscar sobre los rascacielos
el hilo roto
de la cometa de mis niños
que se enredó en el trípode viejo del artillero.

# DICTAMEN DEL JURADO
# DEL CONCURSO DE LA UNEAC 1968

Los miembros del jurado del género Poesía que hemos actuado en el concurso UNEAC de 1968, acordamos unánimemente conceder el Premio « Julián del Casal» al libro intitulado *Fuera del Juego,* de Heberto Padilla. Puesto que ningún otro libro, a nuestro juicio, tuvo méritos suficientes para disputarle el premio al que resultó vencedor, acordamos, además, no otorgar menciones honoríficas.

Consideramos que, entre los libros que concursaron, *Fuera del Juego* se destaca por su calidad formal y revela la presencia de un poeta en posesión plena de sus recursos expresivos.

Por otra parte, en lo que respecta al contenido, hallamos en este libro una intensa mirada sobre problemas fundamentales de nuestra época y una actitud crítica ante la historia. Heberto Padilla se enfrenta con vehemencia a los mecanismos que mueven la sociedad contemporánea y su visión del hombre dentro de la historia es dramática y, por lo mismo, agónica (en el sentido que daba Unamuno a esta expresión, es decir, de lucha). Padilla reconoce que, en el seno de los conflictos a que los somete la época, el hombre actual tiene que *situarse*, adoptar una actitud, contraer un compromiso ideológico y vital al mismo tiempo, y en *Fuera del Juego* se sitúa del lado de la Revolución, se compromete con la Revolución y adopta la actitud que es esencial al poeta y al revolucionario; la del inconforme, la del que aspira a más porque su deseo lo lanza más allá de la realidad vigente.

Aquellos poemas, cuatro o cinco a lo sumo, que fueron objetados, habían sido publicados en prestigiosas revistas cubanas del actual momento revolucionario. Así por ejemplo, el poema *En tiempos difíciles* había sido publicado en la revista *Casa de las Américas*, bajo el rótulo «Veinte poemas hablan desde la Revolución», sin que en el momento de su publicación se engendrara ningún comentario desfavorable. Otros poemas habían sido publicados en la revista del Consejo Nacional de Cultura y de la UNEAC así como en revistas extranjeras que muestran un apasionado entusiasmo por nuestra Revolución.

La fuerza y lo que le da sentido revolucionario a este libro es, precisamente, el hecho de no ser apologético, sino crítico, polémico y estar esencialmente vinculado a la idea de la Revolución como la única solución

posible para los problemas que obsesionan a su autor, que son los de la
época que nos ha tocado vivir.

J.M. Cohen, César Calvo, José Lezama Lima,
José Z. Tallet, Manuel Díaz Martínez.

# EL CASO PADILLA

## DECLARACIONES — DOCUMENTOS
## ESTUDIOS

# A PROPÓSITO DE *PASIÓN DE URBINO*[2]

Conozco el manuscrito de *Pasión de Urbino*; sus muchas y ahora compruebo que insuficientes modificaciones, desde 1964. Lisandro Otero solía dármelo a leer después de cada revisión. A instancias suyas lo envié al editor español Carlos Barral para que lo hiciera participar en el concurso Biblioteca Breve, de su editorial.

Comprendí tanto la desilusión de Lisandro Otero al no obtener el premio, como la decisión del jurado español de no otorgárselo, porque ese año lo obtuvo *Vista del amanecer en el trópico*, de Guillermo Cabrera Infante, que acaba de aparecer en España con el título de *Tres tristes tigres*. Esta es, sin duda, una de las novelas más brillantes, más ingeniosas y profundamente cubanas que hayan sido escritas alguna vez. Pero Guillermo Cabrera Infante se encuentra fuera de Cuba, a causa de un hecho lamentable ocurrido hace ya más de un año.

Los burócratas del Ministerio de Relaciones Exteriores no explicaron en aquel momento, ni lo pidió nuestra Unión de Escritores y Artistas, que cada día es más un cascarón de figurones, las causas por las que Guillermo Cabrera Infante fuera bajado del avión que lo conducía de regreso a Bruselas para reintegrarse al cargo diplomático que desempeñaba desde hacía tiempo. Pero lo cierto es que hoy se encuentra en un sótano de Londres, con su mujer y dos hijas, en medio de grandes dificultades y sin que hasta el momento haya escrito una sola línea contra la Revolución cubana, el novelista que ha hecho más por dar expresión a nuestra realidad nacional que el policía efusivo y anónimo, con mentalidad 1961, que redactó el informe fulminante contra él.

Este policía es el responsable indirecto de que el órgano cultural de los Jóvenes Comunistas abra hoy esta encuesta crítica sobre *Pasión de Urbino*, pastiche de Carpentier y Durrell, escrito en una prosa cargada de andariveles, y no —como sería lógico— sobre la novela de Guillermo Cabrera Infante, llena de verdadera fuerza juvenil, de imaginación, atrevimiento y genio.

---

[2] Como antecedentes de la polémica transcribimos el artículo que escribiera Heberto Padilla, sobre la novela de Lisandro Otero, *Pasión de Urbino*, para *El Caimán Barbudo*, 1967.

91

Conozco los países socialistas (en algunos he residido algún tiempo); sé de los peligros que la cobardía intelectual pueden acarrear a esta sociedad que es la medida de la justicia y la libertad; pero en la misma medida en que cada uno de nosotros lo haga posible. No puedo, ni debo ocultarle a Lisandro Otero que, después de La situación, cuya importancia he destacado más de una vez públicamente, *Pasión de Urbino* es un salto a la banalidad, inadmisible a los 35 años.

Para él se abren además, las dos únicas opciones posibles a su profesión: el destino gris de burócrata de la cultura, que a duras penas podrá escribir divertimentos, o el del escritor revolucionario que se plantea diariamente su humilde, grave y difícil tarea en su sociedad y en su tiempo.

# RESPUESTA[3]

*EL CAIMÁN BARBUDO* abrió una encuesta sobre la novela de Lisandro Otero, **Pasión de Urbino**. La abrió, entre otras cosas, porque los cinco mil ejemplares de la novela se agotaron en menos de una semana.

Sólo la respuesta de Heberto Padilla no se ajusta a lo pedido.

La Redacción de *EL CAIMÁN BARBUDO*, pues se siente obligada a a definir su posición respecto a las afirmaciones que hace Heberto Padilla.

Hay un cuento polaco muy conocido entre los escritores. Es una sátira contra las falsas jerarquías literarias, contra los «globos inflados» de la literatura. Incrustado en una estructura de tipo popular, resulta que un cabo-escritor no puede criticar el poema de un teniente-escritor, quien no tiene más remedio que aplaudir los cuentos del capitán-escritor que, a su vez, debe elogiar las novelas del general-escritor, por muy malas que sean.

En Cuba, donde los escritores nunca han tenido grados, esa estructura se mantuvo durante el capitalismo sobre la base del escritor-amigo y la crítica-compromiso. Frases como fino poeta, depurado prosista, novelista de garra resultaban tan corriente en el gremio como distinguida dama, prestigioso industrial y político sin tacha en las crónicas de sociedad. En ambos casos eran sólo palabras que revelaban el vacío y la mediocridad del ambiente, con la diferencia de que al elogiar por amistad un poema o un cuento nadie se hacía cómplice de la vergonzosa explotación en que se sostenían la dama, el industrial y el político de marras.

Al responder a la encuesta sobre la novela de Lisandro Otero, parece que el poeta Padilla estaba mentalmente situado en el pasado. «Me piden un

---

[3]   En el mismo número de *El Caimán Barbudo* (1967) aparece esta respuesta a las opiniones de Heberto Padilla.

elogio —pensó— porque suponen que soy amigo del autor y porque, siendo éste un funcionario de Cultura, suponen además que no me atreveré a negárselo». Pensar así aquí, en 1967, es bastante triste, pero es asunto privado. Ahora bien: pensar así de un suplemento cultural de jóvenes revolucionarios, en un país revolucionario, es realmente lamentablemente. Es confundir caimanes con camajanes. Y más lamentable todavía es el segundo razonamiento: «Ahora voy a enseñarles a estos nuevos caimanes lo que es tener coraje».

En consecuencia, Padilla la emprende a mandarriazos contra Otero, el novelista-funcionario, con una violencia—o un resentimiento—que desborda los límites de la crítica literaria y que parece haberse acumulado aún antes de publicarse la novela. Hay una desproporción escandalosa entre la brevedad de *Pasión de Urbino* y la vasta irritación con que Padilla la ataca. Muchos no comparten su opinión—la encuesta se abre precisamente porque los 5,000 ejemplares de la novela se agotaron en menos de una semana—, pero no es a nosotros a quienes corresponde ahora juzgarla. Sólo añadiremos que —dejando a un lado su irritación— el enfoque de Padilla nos parece de una arbitrariedad capaz de invalidar cualquier crítica literaria.

Pero Padilla no se limita a dar su opinión sobre la novela. Aprovecha la ocasión para oponerle una de Guillermo Cabrera Infante, atacar a dos organismos revolucionarios, aludir al supuesto policía que, a su juicio, es el responsable de la encuesta literaria y, por último, trazar una oscura línea divisoria entre los «dos caminos» que se le ofrecen al escritor en una sociedad revolucionaria.

Esto si hay que aclararlo. Padilla conocerá muy bien otros países socialistas —donde ha residido varios años como funcionario de la Revolución— pero conoce muy mal su propio país. Comete el deplorable error de juzgar a Cuba de acuerdo con esquemas importados, producto de otros tiempos y otras situaciones históricas. Todavía al oír la palabra cultura la asocia oscuramente con realismo socialista, Zhdánov, mordaza: parece vivir en otra realidad —de espaldas a la suya— y con cincuenta años de retraso. Hay que saber mirar en torno de uno y ser capaz de inventar nuevos caminos a medida que se avanza. «Copiar en la vida, copiar en la Revolución, es como copiar en un examen. Y nadie podrá graduarse de revolucionario copiando». (Fidel). ¿Cómo se puede afirmar que la Revolución es la medida social de la libertad y la justicia y al mismo tiempo moverse por reflejos condicionados? El desarrollo cultural de Cuba en estos últimos años, ¿no demuestra que socialismo y libertad de creación, Revolución y audacia

94

creadora son una misma cosa? Estamos en Cuba, en 1967. A ocho años y medio de revolución. Agredidos, bloqueados, constantemente amenazados, luchando por elevar el nivel material y cultural del pueblo entre las enormes dificultades de un país subdesarrollado, defendiendo ese mismo derecho para todos los pueblos de América y del mundo... Nuestros enemigos podrán acusarnos con razón de haber prohibido la explotación del hombre por el hombre, pero no un cuadro, una novela, una película, una composición musical, una obra de teatro, sean de la tendencia artística que sean. Al contrario: jamás el arte y la literatura han tenido en Cuba mayor estímulo y difusión y variedad y dinamismo.

Quizás Padilla no haya reflexionado sobre esto. Mucho de lo que se ha hecho aquí en la cultura —por parte del gobierno, sus artistas y sus intelectuales— lo sorprendió fuera del país, como funcionario de la Revolución. Haber vivido y luchado en Cuba día tras día desde el triunfo revolucionario es un privilegio que Padilla no ha tenido. Eso es quizás lo único que puede disculpar la falta de amplitud —de verdadero espíritu revolucionario— en sus enfoques culturales.

Al novelista que está aquí, Padilla le opone el novelista que ha emigrado. Guillermo Cabrera Infante—funcionario de la Revolución durante varios años— vive ahora en Londres. Padilla pregunta las causas por las que no se reintegró a su cargo de Agregado Cultural en Bruselas (Quizás otros se sorprendieron de que se le hubiera nombrado en ese cargo). Podría también preguntar las causas por las que otros escritores y artistas que han servido a la Revolución en el extranjero están de regreso y trabajando aquí con el mismo entusiasmo que en París, Londres o Sofía. Sólo hay dos motivos normales por los que un funcionario cubano en el extranjero es relevado de su cargo: 1) Porque se considera más necesario aquí, donde debe reintegrarse a su organismo o asumir otras tareas para las que esté capacitado, y 2) Porque el Gobierno Revolucionario no lo considera ya la persona idónea para el cargo. En ningún caso el Ministerio de Relaciones Exteriores está obligado a declarar públicamente por qué el funcionario ha sido relevado. Y en cuanto al supuesto «anónimo policía», ¿no pudo haber sido uno de esos centenares de héroes anónimos cuyos nombres nunca aparecen en la prensa, y que sin embargo garantizan la seguridad de la Revolución?

Cabrera Infante, con una frase que pretende ser ingeniosa y, es más bien insolente, ha declarado que decidió entregar su tierra «a la erosión histórica» y emigrar. Lo cierto es que solicitó un permiso—que le fue concedido— para ausentarse del país por dos años. La pregunta que debía hacerse Padilla es: ¿Por qué Cabrera Infante se encuentra hoy en un sótano de Londres y no en su casa del Vedado, escribiendo y trabajando para su país, para sus propios lectores, como lo hacen los escritores de la Cuba revolucionaria? ¿Por qué prefiere un sótano londinense a un país donde centenares de Instructores de Arte acaban de invitar a los intelectuales cubanos a visitarlos en pueblos, ciudades y montañas y cooperar así al desarrollo de un vasto movimiento cultural en toda la isla? ¿Por qué está allá y no aquí, donde millares de estudiantes descubren el mundo de la cultura y ésta ha dejado de ser un pasatiempo o un adorno para convertirse en un derecho y una necesidad de todo el pueblo revolucionario? Padilla habla de «fuerza juvenil, de imaginación, atrevimiento y genio». ¿Ha estado por casualidad en Isla de Pinos, San Andrés, Guane, Minas de Frío, Topes de Collantes, Gran Tierra, los Pinares de Mayarí, Banao o Juraguá, donde no en uno sino en miles de jóvenes se descubre esta increíble reserva de fuerza juvenil, de imaginación, de atrevimiento y de genio, que es la fuerza de la revolución en marcha? Padilla dice que Cabrera Infante no ha escrito «hasta el momento» una sola línea contra la Revolución Cubana. ¿Es que debemos agradecérselo? Hemos alfabetizado casi un millón de analfabetos, hemos becado más de doscientos cincuenta mil estudiantes, tenemos 1.345,000 estudiantes de Primaria y cerca de 600,000 trabajadores tratando de obtener el sexto grado, hemos publicado millones de libros, hemos reencontrado la dignidad del artista y el intelectual en la construcción de una sociedad más justa y más libre... ¡y Guillermo Cabrera Infante no ha escrito *hasta el momento* una sola línea *contra* la Revolución Cubana! Como revolucionarios jamás comprenderemos un argumento como ése, ¡jamás quisiéramos merecer una defensa semejante!

El intelectual que sólo aspire a luchar por sí mismo y por su obra es incapaz de comprender el auténtico espíritu revolucionario. «Nosotros no nos dejaremos derrotar... —ha dicho Fidel— y nos defenderemos con toda la energía que sea necesaria y sin vacilación alguna, no sólo para sobrevivir como nación y como pueblo, sino para luchar sin desmayo por alcanzar la sociedad más humana a la que el ser humano haya podido aspirar, donde el hombre deje de ser lobo para ser hermano del hombre». Es una causa que desborda el interés privado: no aspiramos a cambiar la vida para satisfacción de uno, ni de cien, ni de cien mil, sino de todo un pueblo. Y dentro de la cultura ya esa revolución está en marcha. Fidel lo comentaba, hace menos de un año, con los estudiantes de secundaria y preuniversitario: «Lo que significará para nuestra Patria y para nuestro pueblo en un futuro no lejano que todas las inteligencias de este país puedan desarrollarse, puedan cumplir plenamente una vocación, eso nosotros no estamos en condiciones todavía de poder apreciarlo. Pero eso no había ocurrido jamás aquí, y posiblemente ha ocurrido en muy pocos países. Eso de darle oportunidad a la inteligencia del hombre para ver hasta dónde es capaz de llegar, sinceramente creemos que es una de las cosas más extraordinarias que esta Revolución ha logrado».

El papel que deben jugar los intelectuales en ese movimiento es incalculable. En una sociedad desarrollada, miles de cuadros intermedios relevarían al creador de las responsabilidades del divulgador y el maestro. Pero en una sociedad subdesarrollada, que lucha confiada y ferozmente por salir del subdesarrollo, el creador tiene el privilegio y el deber del heroísmo: ha de crear simultáneamente su obra y el público capaz de disfrutarla y apreciarla. No se trata ya de escribir una buena novela, sino de crear un auténtico movimiento literario —digno de una de las revoluciones más profundas y dinámicas del mundo moderno— y un público activo para ese movimiento. Esto es algo que no puede hacerse desde un sótano de Londres, ni de París, ni de ninguna parte. Ha de hacerse aquí, por intelectuales y artistas revolucionarios. Por eso resulta sorprendente que Padilla hable de los *dos* caminos que se le ofrecen hoy a un escritor cubano: el del «oscuro funcionario» de la cultural y el del que asume «su humilde, importante, difícil misión de escritor en su sociedad y en su tiempo». ¡Qué extraña manera de pensar en medio de un pueblo en revolución! Aquí, en este país, ser hoy «funcionario» de la Revolución en el campo cultural —es decir, poner su inteligencia, sus energías, su capacidad y su entusiasmo al servicio del desarrollo cultural de las masas— es uno de los más hermosos desafíos que puede hallar un escritor en el mundo contemporáneo. Es, en realidad, la única forma revolucionaria de asumir la humilde, importante, difícil misión de escritor en su sociedad y en su tiempo.

Por una vez —esto sólo sucede en una revolución como la nuestra— el escritor, sin dejar de ser fiel a sí mismo, puede transformar en la realidad ese mundo que intenta transformar en su obra. Hoy todos nuestros medios masivos de divulgación —revistas y periódicos, radio, televisión, editoriales, cine— están abiertos a los escritores y artistas: por primera vez es posible llevar al pueblo desde la simple nota informativa hasta la obra artística de mayor audacia y calidad. Esto es el socialismo. Esta es la Revolución Cubana. Como intelectuales, nuestro deber es plantearnos las cosas en grande, no ver la cultura como un ejercicio solitario, sino como un reencuentro del hombre consigo mismo, con sus propias raíces y con la humanidad.

Es lo que han hecho siempre nuestros grandes revolucionarios, desde Martí en *Nuestra América* hasta Fidel en *Palabras a los intelectuales* y el Che en *El socialismo y el hombre en Cuba*.

No es hora de vacilaciones ni egoísmos. En un hermoso poema que aún tiene la tinta fresca, Heberto Padilla lo advirtió:

> Tú, soñador de dura pupila,
> rompe ya esa guarida de astucias
> y terrores.
> Por el amor de tu pueblo, ¡despierta!
> El justo tiempo humano va a nacer.

# CARTA DEL
# SECRETARIO GENERAL DE LA UJC A
# «EL CAIMÁN BARBUDO»[4]

Estimado compañero Sautié:

En el último editorial de *El Caimán Barbudo* se plantea como política: «No es nuestro interés entrar en el debate en el campo de la literatura y el arte. Un elemental sentido de modestia nos obliga en este terreno a estudiar y observar, más que a pretender teorizar o polemizar». Esta política es enteramente justa.

Sin embargo, quedaba pendiente de publicarse una polémica entre Jesús Díaz y Heberto Padilla, que el Buró Nacional de la Juventud ha considerado positivo que se publique, lo que constituiría una excepción dentro de la política que se traza *El Caimán Barbudo* y que, desde luego, debe mantenerse.

Por otra parte, en el propio editorial se habla acerca de que «se inicia una etapa de rebeldía con causas y de rebeldía revolucionaria... «Esto, también es enteramente justo. Sin embargo, ha sido interpretado por algunos compañeros de que anteriormente *El Caimán Barbudo* no era revolucionario ni tenía intención de servir a la Revolución. Sabemos que no era esta ni remotamente la idea, ni mucho menos la intención, que se expresó en el editorial. Pero como ha dado lugar a esta interpretación, el Buró Nacional de la Juventud ha estimado correcto que se deje claro este problema.

*El Caimán Barbudo*, en su anterior etapa tuvo aciertos y errores. La nueva política ya ha sido definida, el problema ahora es llevarla a la práctica.

Fraternalmente,

Jaime Crombet,
Secretario General.

---

[4] Publicada en *El caimán Barbudo*, 1967.

# RESPUESTA A LA REDACCIÓN SALIENTE
## DE HEBERTO PADILLA[5]

El extenso alegato que la redacción de *El Caimán Barbudo* enfrentó a mi breve nota a propósito de *Pasión de Urbino*, revela entre otras cosas, un aspecto sorprendente de nuestra vida cultural. Ya no basta con tener una opinión, expresarla y hacerse responsable de ella.

Ahora hay que escribir lo que desea o espera la redacción. Y si voy a guiarme por las otras opiniones publicadas en la encuesta, significa que debí moverme entre las medias tintas y el ditirambo. Únicamente así puedo imaginar que la redacción diga que «sólo la respuesta de Heberto Padilla no se ajusta a lo pedido». El que me haya leído pudo comprobar que yo agoté y hasta trascendí «lo pedido», pero en ningún momento lo soslayé. Si comparé la novela de Cabrera Infante con la de Otero fue para ilustrar, mediante un ejemplo indiscutible, casi escolar, las diferencias que existen entre el talento literario y la ramplonería.

Pero aún admitiendo que mi respuesta no se ajustara a lo pedido, ¿por qué la redacción no me lo dijo? Tengo excelentes relaciones personales con sus integrantes. De muchos he recibido muestras reiteradas de aprecio intelectual. El hecho mismo de haber solicitado mi opinión para la encuesta es otra prueba. Les he estado viendo casi a diario desde que les entregué mi nota. ¿Por qué prefirieron esperar hasta su publicación para enterarme de que no les complacía, de que no se ajustaba a lo pedido? Yo no la envié a una agencia de noticias extranjera; ni siquiera me referí a su contenido en la entrevista televisada que me hizo —a raíz de su publicación— la emisora BBC, de Londres. Yo la entregué personalmente a un órgano revolucionario de nuestra juventud que hubiera podido discutirla conmigo, someterla a una discusión revolucionaria. Pero esta discusión se llevó a cabo, lamentablemente, con la presencia de todo el mundo menos la mía, se llevó a cabo con el inexplicable propósito de elaborar una respuesta colectiva de la redacción como si estuvieran frente a ese tipo de intelectual trágico descrito por Hegel, que no entiende las exigencias de un proceso revolucionario. Adoptaron el tono y el estilo del que piensa que toda actitud crítica conduce hoy a la

---

⁵ *El Caimán Barbudo*, 1967.

vacilación y el egoísmo: es decir, a la contrarrevolución. Si este ha sido criterio de alguien, lo invito a que espere sentado.

Ahora, con la publicación de la nota, la polémica ha sido abierta. Es demasiado tarde ya para cerrarla. Y entiéndase bien que considero correcta la publicación de la nota, ya que siempre estimé que se ajustaba a lo pedido. La práctica democrática es deber, exigencia diaria, del socialismo. Si es cierto que la publicación de esta nota confirma la existencia de nuestras libertades, ¿no es también cierto que haberla escrito significa que su autor creía mucho antes en la existencia de estas libertades?

Mi escrito era demasiado breve. Me pidieron dos cuartillas. Para discutirlas, la redacción ha tenido que emplear un método bastante peculiar: se pone a especular sobre lo que creen que pienso. Escriben, por ejemplo, que al responder a «la encuesta periodística parece que el poeta Padilla se situó mentalmente en el pasado». Esta expresión «parece que el poeta Padilla», justificaría el carácter meramente especulativo, falso, de la premisa si no fuera porque más adelante comienzan a juzgarme a partir de los razonamientos que me atribuyen. Dicen: «Pensar así aquí, en 1967, es bastante triste, pero es un asunto privado. Ahora bien, pensar así de un suplemento cultural de jóvenes revolucionarios, en un país revolucionario, es realmente lamentablemente. Es confundir caimanes con camajanes». Y más lamentable todavía es el segundo razonamiento: «ahora voy a enseñarles a estos nuevos caimanes lo que es tener coraje».

¿Y quién autoriza a la redacción a endilgarme tales razonamientos?

Esto se llama en sicología proyectar, atribuir a otro, nuestros propios pensamientos y temores. Lo lamentable es que a la redacción se le haya ocurrido este segundo razonamiento (a la redacción, y no a mí), lo realmente lamentable es que se les ocurra pensar que es necesario tener coraje para hacer hoy una crítica en Cuba. ¿Coraje por qué? Coraje hay que tener para enfrentarse al terror o a la muerte. Coraje tuvieron los asaltantes del Cuartel Moncada y Palacio, los expedicionarios del Granma. A estas acciones sí corresponde el calificativo de coraje. A nadie se le puede ocurrir que escribir una breve nota crítica sirva para enseñarles a los nuevos caimanes lo que es tener coraje. ¡Pero si todos los días, en nuestros centros de trabajo se discute y censura; si todos los días se ejerce aquí la crítica más abierta y sin temor alguno!

No, yo no tengo que enseñarles a estos nuevos caimanes lo que es tener coraje, porque no estoy escribiendo con la moral del perseguido en una sociedad de explotadores, sino ejerciendo un deber y un derecho.

No sé cómo puede la redacción imaginar que yo confundo caimanes con camajanes. Esto sería admitir que la revolución prohíje a los cobardes y acomodaticios. Ningún escritor revolucionario puede pensar que al frente de una publicación de nuestra juventud haya camajanes; porque aun cuando este accidente pueda producirse, por alguna misteriosa dialéctica de los fenómenos, estoy seguro de que tarda o temprano serán barridos por la Revolución.

La redacción explica la publicidad dada a *Pasión de Urbino* (nada menos que cuatro páginas con una reproducción a todo color de la portada) diciendo que «la encuesta se abre precisamente porque los 5,000 ejemplares de la novela se agotaron en una semana». Que lo hayan hecho porque les dio la gana, porque ella se adecuaba a su escala de valores, parece más razonable que el esfuerzo de otorgarle jerarquía artística a la venta de cinco mil ejemplares de una novelita cuyo precio era de cuarenta centavos y cuyo título parece extraído de un catálogo de Corín Tellado. Si querían hacer una encuesta literaria ¿no era más adecuado *Paradiso*, de José Lezama Lima, que, además de que costaba cinco pesos y se agotó en menos de una semana, merecía atención y análisis, o *La noche de los asesinos* de José Triana?

Dice la redacción que yo la emprendo a mandarriazos contra Otero, el novelista-funcionario, con una violencia —o un resentimiento— que desborda los límites de la crítica literaria... Pero, ¿cómo reaccionar ante el novelista-funcionario que es capaz de suspender —mediante un típico memorándum burocrático— las obras *María Antonia*, y *La cuadratura del círculo*, como no lo haría un vulgar censor, sin siquiera haberlas leído? Al novelista que está aquí, Padilla le opone el novelista que ha emigrado, escribe la redacción. Yo escribiría: al libro malo Padilla le opone el libro bueno. Y evitaríamos confundir la geografía con la literatura: porque, después de todo, ¿qué más quisiera uno que este novelista de aquí pudiera escribir como el de allá, que la novelita del que está aquí dejara de avergonzarnos con la intensidad con que nos enorgullece la novela del que está allá? Pero uno no tiene la culpa de que las cosas sean así.

En ningún momento escribí que ser funcionario de la revolución sea un oficio maldito; pero no puedo solidarizarme con la afirmación de que es uno de los más hermosos desafíos que puede hallar un escritor en el mundo contemporáneo. Ni siquiera en la Unión Soviética subdesarrollada de los años veinte puedo imaginarme a un Isaac Babel de Vicepresidente de Cultura, a un Vladimir Maiacowsky de Director de Literatura. Es posible citar excepciones, pero serían eso, excepciones.

Teniendo tan cercano el ejemplo de Régis Debray, que asume verdaderamente uno de los más hermosos desafíos que puede hallar un escritor en el mundo contemporáneo, torturado por los gorilas bolivianos por ejercer su tarea de escritor, me parece bastante arbitrario emplear los adjetivos que le corresponden, para designar a un burócrata de la cultura.

En cuanto a que «hemos alfabetizado casi a un millón de analfabetos, hemos becado más de doscientos cincuenta mil estudiantes, tenemos 1.345,000 estudiantes de Primaria y cerca de 600,000 trabajadores tratando de obtener el sexto grado, hemos publicado millones de libros, hemos reencontrado la dignidad del artista y el intelectual en la construcción de una sociedad más justa y más libre...» lo único que puedo añadir es que esta enumeración es incompleta. Pudieran citarse muchas obras más. En el libro *Realizaciones del Moncada* (en la segunda, no la primera edición, que es defectuosa) aparecen mejor destacadas estas realizaciones, porque ese era el propósito del libro.

Pero cuando esta exposición de nuestras obras revolucionarias se usa para discutir con un autor cubano que está tan orgulloso de ellas como la propia redacción, el procedimiento se hace, cuando menos, retórico.

La redacción pretende invalidar mi persona para destruir más efectivamente mi razonamiento. Dice: «Mucho de lo que se ha hecho aquí en la cultura —por parte del Gobierno, sus artistas e intelectuales— lo sorprendió fuera, como funcionario de la Revolución. Haber vivido y luchado en Cuba, día tras día, es un privilegio que Padilla no ha tenido. Esto es quizá lo único que pueda disculpar la falta de amplitud —de verdadero espíritu revolucionario— en sus enfoques culturales». Responderé lo más brevemente posible a esta referencia directa a mi persona. En ocho años y medio de Revolución, solamente he vivido uno en Praga como funcionario del Comercio Exterior. Y esto, porque el plan de seis meses de trabajo que llevé a los países socialistas y escandinavos se extendió más de lo previsto.

Durante mi recorrido recibí, en febrero de 1966, una carta del viceministro Benigno Regueira, donde me comunicaba «el acuerdo en que se efectúe tu traslado hacia París para desde allí operar en toda Europa Occidental y Escandinava, y, en los casos que sea necesario en los países socialistas... lo que significaría también un refuerzo para la oficina de París». Respondí, basado en mis experiencias que el Ministerio compartió, que ese traslado era antieconómico y lo más conveniente era mi regreso.

No me queda más remedio que defraudar a los suspicaces que andan diciendo que mi nota es producto del resentimiento por haber perdido no sé qué extraño poder. Antes de mi viaje a Praga fui miembro del Consejo de Dirección del Ministerio del Comercio Exterior, y Director Gerente de la Empresa Cubartimpex, y por decisión mía no continué siéndolo.

Nadie me expulsó de allí. Hice, incluso, la presentación pública del compañero que me sustituyó. Guardo, entre mis papeles más queridos, el texto firmado por todos, con que me despidieron los compañeros de la Empresa. Conjuntamente con la Dirección de Organización del MINCEX elaboré el proyecto de creación del Instituto del Libro; en su estructura y propósitos trabajamos diariamente. Pero yo creía y creo que la Dirección de una Empresa cualquiera debe estar en manos técnicamente calificadas.

Sólo por esta razón solicité a mi Ministerio que me permitiera cesar en la gerencia de Cubartimpex y, finalmente, reintegrarme a una tarea más de acuerdo con mi formación y mi capacidad. ¿Cuáles han sido mis otras prolongadas estancias en el extranjero? Londres, en 1960, donde estuve unos meses exclusivamente para abrir la primera sucursal de Prensa Latina en Europa Occidental; la Unión Soviética, donde estuve en 1963, no como funcionario de la Revolución, sino como simple redactor del periódico *Novedades de Moscú*.

A causa de estos viajes que no fueron de andar por las nubes, ¿puede decirse que no he tenido el privilegio de luchar estrechamente en la Revolución? ¡Por favor! Sólo la ligereza puede disculpar esa falta de amplitud —de verdadero espíritu revolucionario— que consiste en dar de mí la imagen de un hombre que sólo ha vivido tres días en su patria.

Esta ligereza aparece hasta cuando pretenden citarme textualmente.

Escribí «oscuro burócrata» y reproducen «oscuro funcionario»; escribí «humilde, grave y difícil tarea» y copian «humilde, importante, difícil misión». Pero si hasta leen e interpretan con igual ligereza. Reproducen, sin entenderlo, un cuento polaco muy conocido entre los escritores. Ese relato tiene nombre y autor. Se trata de «El proceso» de Slamowomir Mrozek, donde el escritor arremete contra las falsas jerarquías establecidas a partir del «ángulo de flexión de la espina dorsal del escritor, su edad y los cargos desempeñados en el gobierno». En el contexto perfectamente definido de la Polonia de nuestros días «un cabo escritor no puede criticar el poema de un teniente escritor, quien no tiene más remedio que aplaudir los cuentos del capitán escritor que, a su vez, debe elogiar las novelas del general escritor por muy malas que sean».

De este relato de Mrozek, la redacción extrae una curiosa moraleja: «en Cuba, donde los escritores nunca han tenido grados, esa estructura se mantuvo durante el capitalismo sobre la base del escritor amigo y la crítica compromiso». Pero son incapaces de advertir que, en una Cuba que ha roto esas estructuras, se da el caso de que un simple escritor no puede criticar a un novelista-vicepresidente sin sufrir los ataques del cuentista-director y los poetas redactores parapetados detrás de esa genérica, la redacción.

Aunque es obvio que todo artículo firmado representa el criterio del autor sin que el periódico o la revista tengan que compartirlo forzosamente, la redacción se ha sentido obligada a definir su posición respecto a las afirmaciones que hace Heberto Padilla, no en lo que a ellos concierne, sino asumiendo el lugar de quienes hubieran podido hacerlo por su propia cuenta. Lo cual me hace suponer que no se trata de una simple respuesta de la redacción, sino de un texto debidamente consultado por los organismos a que aludí.

La réplica a mi planteamiento es la siguiente: «Guillermo Cabrera Infante, funcionario de la Revolución durante varios años, vive ahora en Londres. Padilla pregunta las causas por las que no se reintegró a su cargo de Agregado Cultural en Bruselas (quizás otros se sorprendieron de que se le hubiera nombrado en ese cargo)... Sólo hay dos motivos normales por los que un funcionario cubano en el extranjero es relevado de su cargo: 1) Porque se considera más necesario aquí, donde debe reintegrarse a su organismo o asumir otras tareas para las que esté capacitado, y 2) Porque el Gobierno Revolucionario no lo considera ya la persona idónea para el cargo. En ningún caso el Ministerio de Relaciones Exteriores está obligado a declarar públicamente por qué el funcionario ha sido relevado». Pero el que haya leído mi nota sabe que yo no pregunto las causas por las que Guillermo Cabrera Infante no se reintegró a su cargo de agregado cultural en Bruselas. Yo no he preguntado absolutamente nada. Yo afirmé textualmente que «los burócratas del Ministerio de Relaciones Exteriores no explicaron en aquel momento, ni lo pidió nuestra Unión de Escritores, que cada día es más un cascarón de figurones, las causas por las que Guillermo Cabrera Infante fuera bajado del avión que lo conducía de regreso a Bruselas». Yo no discutí, ni sería capaz de hacerlo, la facultad de nuestro Ministerio para relevar a un funcionario de su cargo por los dos motivos normales a que se refiere la redacción. Señalé concretamente el procedimiento anormal seguido con un funcionario como si se tratase de un delincuente vulgar. Hice esta afirmación que continúa sin respuesta, que no aclara ni niega el texto de *El Caimán*.

La redacción considera revolucionarios certeros a quienes impidieron que Guillermo Cabrera Infante tomara el avión de regreso y pone en duda a los que lo nombraron. ¿Y quién pudo nombrarlo, sino el Ministerio de Relaciones Exteriores? ¿Quién pudo aprobar ese nombramiento sino el propio Ministerio? Si había razones para que otros se sorprendieran de que se le hubiera nombrado en ese cargo, como dice la redacción, ¿por qué se le nombró? ¿Por qué no se le llamó antes a Cuba, si había expirado el término previsto por el MINREX? ¿Por qué se esperó a última hora, al momento de tomar el avión para aplicar el drástico procedimiento? ¿Fue en ese momento mismo, luego de haberse despedido cordialmente de su Ministerio, después de una estancia en Cuba que hubiera permitido lógicamente analizar con tiempo suficiente su actuación en el extranjero, cuando cambió todo por arte de magia y apareció un motivo que justificara el impedir a toda costa su regreso? ¿Qué motivos exigían esa actuación políticamente tan inepta? ¿Qué acusaciones se alzaban delante de quien hasta cinco minutos antes de tomar el avión gozaba de la confianza de su Ministerio? Debieron haber sido muy considerables para justificar que no se diesen explicaciones ni públicas ni privadas. ¿O es que su separación no estaba considerada dentro de los dos motivos normales por los que un funcionario cubano en el extranjero es relevado de su cargo?

Y si había otros motivos tan graves que fundamentasen un tratamiento así, ¿por qué ese propio Ministerio le permitió abandonar el país y dirigirse a nuestra Embajada de Bruselas y recoger sus efectos personales?

Efectivamente, como afirma la redacción, Cabrera Infante solicitó un permiso —que le fue concedido— para ausentarse del país por dos años. Lo solicitó varios meses después de esperar inútilmente que se aclarase su situación y el término aún no ha expirado y ahora la cancela bruscamente la redacción. Le acusa de insolente, le reprocha que se encuentre en un sótano de Londres y no en su casa del Vedado, escribiendo y trabajando para su país, para sus propios lectores, como lo hacen los escritores de la Cuba Revolucionaria.

Pero, ¿se detuvieron a pensar en esto los que bajaron a Cabrera Infante del avión, o los que se sorprendieron de que se le hubiera nombrado en su cargo: sus, en fin, constantes y eficientes impugnadores? A juzgar por el tono airado con que lo enjuicia la redacción ¿debemos suponer que lo deseaba ver realmente en su casa del Vedado, trabajando y escribiendo para su país, para sus lectores?

Guillermo Cabrera Infante se encontró prácticamente solo, en medio del afecto de unos pocos. Se encontró solo frente a funcionarios que nunca dieron explicación alguna. Y tomó la decisión —que no comparto— de solicitar un permiso para irse por dos años al extranjero y los trámites de su viaje marcharon sobre ruedas. Su expediente se cerró como se había abierto: incorrectamente. Y la redacción se pregunta por qué no se encuentra en su apartamento del Vedado, escribiendo relatos. A reserva de que sea Cabrera Infante mismo quien responda no resulta difícil imaginar que, después de agotados los medios que estuvieron a su alcance para aclarar su caso, haya creído salvar su dignidad, aún a riesgo de aparecer como nuestro enemigo.

Algunos amigos me advierten que puedo estar haciendo la defensa de un culpable. Es posible, pero a condición de que esa culpabilidad sea probada. Lo inadmisible es que un culpable —escritor eminente— se beneficie del equívoco creado por nosotros o sufra las consecuencias de un error cuya responsabilidad debe exigirse a quien la tenga sin cobardía de ningún tipo.

Ciertos marxistas religiosos aseguran por ahí que revolucionario verdadero es el que más humillaciones soporta: no el más disciplinado, sino el más obediente; no el más digno, sino el más manso. Allá ellos. Yo admiraré siempre al revolucionario que no acepta humillaciones de nadie y mucho menos a nombre de una Revolución que rechaza tales procedimientos.

Si en nuestra sociedad podemos ser destruidos por un informe que se convierte en sentencia inapelable, en un fallo indiscutible contra el que nada puede la voluntad de esclarecimiento de nuestros compañeros y guardamos silencio, quiere decir que nos hemos hecho cobardes sin que lo sospecháramos y tenemos la sociedad que merecemos. En ningún momento de mi escrito enjuicio la sociedad cubana actual y mucho menos soy capaz de cometer el deplorable error de juzgar a Cuba con esquemas importados productos de otros tiempos y otras situaciones históricas como afirma la redacción; en principio, porque ninguna realidad puede ser juzgada con esquemas, ni importados, ni de producción nacional. Pero el hecho de que en Cuba se puedan repetir errores de otros tiempos y de otras situaciones históricas ha dejado de alarmarnos. Muchos de esos errores se han repetido ya y se han reconocido públicamente. En tan corta vida revolucionaria hemos tenido, incluso, nuestro stalinismo en miniatura, nuestro Guanahacabibes, nuestra *dolce vita*, nuestra UMAP. Si estos errores han sido superados —dejando por supuesto, sus huellas— es porque la naturaleza de nuestra Revolución los rechaza orgánicamente. Eran males nacidos y desarrollados a pesar de la mejor dirección revolucionaria; pero males que crecían y se desarrollaban estableciendo ingratas analogías con otras situaciones y otros tiempos.

Ninguna adhesión, ninguna ortodoxia de estado por muy espontánea y juvenil que sea puede ignorar estos peligros.

Sobre todo en Cuba, donde las nuevas instituciones sociales han sido apenas esbozadas, donde aún no tenemos una constitución socialista y hace menos de 2 años se fundó el Partido que hasta el momento no abarca a todos los sectores del país. No se trata de andar cazando los errores de la Revolución para hacerla estallar, ni aún cuando se haga a nombre de la verdad. Esto puede resultar a veces más perjudicial que útil. Pero tampoco se trata de ponerse a decretar a nuestro antojo el fin la historia prevista por Marx, mientras nos instalamos en una incesante provisionalidad que remite al plano teórico toda discusión urgente de los problemas y hace reinar sobre el país una moral de emergencia. Es la sociedad en que vamos a vivir la que está en juego.

A riesgo de parecer ingenuo, creo que ocho años y medio de Revolución, le plantean al escritor cubano nuevas tareas, acaso las más difíciles.

No importa que en la estructura aún primaria de nuestra sociedad no pueda desempeñarlas cabalmente. Pero ese día está llegando ya. Entonces no bastará con adscribirse apasionadamente a una razón de estado, por mucho amor y respeto que ella merezca. Como ha escrito recientemente Solzhenitzyn «una literatura que no capte el ambiente de la sociedad en que se realiza, que no se atreva a entregarle a esa misma sociedad sus penas y temores, que no avise a tiempo la amenaza de peligros morales y sociales, una literatura de tal índole no merece llamarse literatura, es solamente una fachada». Así ejercerá plenamente su tarea en nuestra nueva sociedad, dentro de la Revolución, no a un lado, ni frente a ella, asumiéndola.

# LAS PROVOCACIONES DE PADILLA[6]

**Leopoldo Ávila**

Cuando en 1962, Manuel Navarro Luna afirmaba que "El justo tiempo humano" estaba en la primera línea de la lírica contemporánea —en estas mismas páginas de VERDE OLIVO— hacía un juicio excesivamente generoso dirigido más que por el análisis, por el entusiasmo que le despertaba un escritor joven que si bien asomaba las orejas y el heroico desde las páginas de "Lunes", parecía haberse despojado de las actitudes del grupo caín e iniciar un cambio revolucionario. Aquel libro de Padilla decía cosas que conmovían al viejo poeta:

> *"...mi mano*
> *se hunde en la Revolución*
> *y escribe sin rencores..."*

y estas otras:

> *"...por el amor de tu pueblo, ¡Despierta!*
> *¡El justo tiempo humano va a empezar!"*

Algunas páginas revelaban indudablemente un apreciable nivel poético, pero no todo el libro era así. Otros poemas eran flojos, repetidos, manoseados, a pesar de que a Padilla le había costado nueve años (del 53 al 62) completar las 120 páginas. En realidad, el libro estaba formado por los restos de otros anteriores a la Revolución que no pudo publicar, porque en aquellos tiempos, realmente difíciles, el poeta no tenía las posibilidades editoriales que la nueva sociedad le permite.

Han llovido seis años sobre el libro. Padilla, hasta ahora, no ha escrito otra obra, aunque ha anunciado varias. Se las ingenia, eso sí, para permanecer en el candelero publicando, de tarde en tarde, un poema en alguna revista o levantando el periscopio con algún viejo poema en antologías seleccionadas por algún amigo o por él mismo.

El señor Padilla, antes y después de soltar su primer librito sobre las rotativas de la Revolución, ha sido un viajero infatigable. La mayor parte de

---

[6] *Verde Olivo*, Año IX, No. 45. Nov. 10, 1968, pp. 17-18

su vida la pasó en Estados Unidos, hasta 1959. Después, se coló en "Prensa Latina" y estuvo en Londres y otras capitales europeas. Separado de esta agencia informativa, anduvo de nuevo por todo el Viejo Continente.

Más tarde fue periodista de "Novedades de Moscú", en español; super-exigente en cuanto a comodidades personales, su conducta en la capital soviética durante más de un año dejó mucho que desear. De nuevo en La Habana trepó a Cubartimpex, de donde fue separado por distintas irregulari-dades. La lista de sus viajes le dan un récord que pocos pilotos han igualado. Una vidita realmente suave, desconectada de la realidad revolucionaria que le ha hecho olvidar hasta sus días iniciales en "Puerta de Golpe". Durante todo ese tiempo no se conocen más poemas del singular Heberto. Parecía que con "El Justo Tiempo Humano" se había agotado una promesa. O es que el ajetreo de los aeropuertos internacionales, el corre-corre tras las vacunas y otros formalismos, y el andar despreocupado y boquiabierto por capitales europeas gastando alegremente dólares que se le entregaban para otra finalidad, no le dejaba tiempo para las musas. Y esto lo decimos con tristeza: No desconocemos la relación directa que hay entre los dólares que gastaba Padilla y el sudor de nuestros macheteros (los "peones" como dice ahora despectivamente). Ahora está en Cuba, desde hace algún tiempo. Y aquí, dentro del país parece que su anhelo de viajar se ha ido apagando porque no sabemos que haya ido a la Isla de la Juventud, a San Andrés, o a la Columna del Centenario a conocer la obra de la Revolución. Padilla se ha replegado en sí mismo, ha revitalizado la vieja capilla, con dos o tres nuevos adheren-tes, y del joven y prometedor poeta de antes sólo queda una caricatura, bastante lamentable por cierto, *clownesca*; decidor obstinado de frases supuestamente brillantes, hiriente, anacrónico personaje salido de alguna mala comedia de finales de siglo.

Siempre en busca de algún escándalo —él sabrá qué propósitos le guían— aprovechó una encuesta de "El Caimán Barbudo" sobre la novela "Pasión de Urbino" para, sin que viniera al caso, hacer la increíble defensa de Caín (Por cierto que luego el propio Cabrera describió la polémica injustificadamente desatada por Heberto como una lucha por el poder cultural y privó a éste de sus mejores argumentos). Pero la defensa de Caín no era más que un pretexto para atacar a la Revolución. Desconectado de la realidad, no ve más allá de sus ojos y cuando logra hacerlo, sólo ve errores. En aquellas polémicas "literarias", Padilla habló de política stalinista, de Guanahacabibes, de dulce vida, etc., como errores que había cometido la Revolución. No se trata de responder ahora a este fiscal increíble, pero como nadie respondió esta parte de sus artículos, es necesario aclarar que estas frases no son más que infamias destinadas al público extranjero. No se sabe a qué stalinismo se refiere. En su manía persecutoria traslada mecánicamente a nuestra realidad problemas que no son nuestros; si quería referirse al sectarismo, no necesitaba tantas vueltas. El sectarismo no fue el stalinismo —cualquiera que sea el juicio final de la historia sobre este último, juicio que corresponde a los soviéticos, no a nosotros— entre otras cosas porque el sectarismo fue una corriente incrustada en el poder revolucionario contra la Dirección de la Revolución, y el stalinismo tuvo como centro la figura principal de la dirección soviética en aquellos años. En cuanto a sus demás críticas, no vale la pena detenerse en ellas. No son críticas desde la revolución sino contra ella. Lo que él denuncia, se conoce precisamente por las críticas que la propia Revolución ha hecho y dicho sea de paso, ni Guanahacabibes fue tan represiva (de cualquier forma, en toda sociedad hay que sancionar a los que se equivocan o cometen delitos) ni la " dulce vida", tan general. La prueba es que Heberto, antiguo funcionario de la Revolución, en cargos en los que se dio una vida no por cierto amarga, jamás fue a Guanahacabibes. Y motivos había.

Ya vemos como El Justo Tiempo Humano se le convirtió, apenas cesaron cargos y privilegios, en los tiempos difíciles. El motivo para sus cambios de opinión, reflejado en el libro que envió a la UNEAC, es transparente. Como un viejo sargento político de ayer razona: Si no estoy en la "papa" no soy revolucionario. Pero la revolución no ofrece "la papa" a sus funcionarios, sino la oportunidad del trabajo y del sacrificio. Y esto Padilla no lo entiende. Ajeno y enemigo de la realidad revolucionaria, se entretiene en escribir y publicar venenosas pullas cuando no declaraciones abiertamente contrarrevolucionarias. Se describe a sí mismo como "fuera del juego" y le hace el juego al imperialismo. Sus últimos poemas son peregrinos, no sólo política, sino incluso literariamente. Las cosas que dice son, más que dignas de un poeta con alguna instrucción y tantos viajes, las que dice frecuentemente Chela Castro en los programas radiales de la CIA o los argumentos de Pumarejo. En Cuba, nadie le va a creer. El lo sabe. Veamos si no algunos ejemplos:

Padilla habla en sus poemas de terribles censores —millones de cabezas caen en una noche— de persecuciones tremendas; dice el poeta:

*..que cualquier cosa ocurra*
*que te rompan la página querida*
*que te tumben a pedradas la puerta...etc.*

Lo curioso es que Padilla sabe bien que en Cuba eso no le ha pasado a escritor alguno. A él, no sólo no se le ha roto la página querida, ni se le ha apedreado la casa, sino que se le ha permitido publicar sus cosas en revistas de la Revolución, que dieron a conocer "En Tiempos Difíciles" y "Discurso del Método"; ambos poemas, además de bastante malos, son francamente contrarrevolucionarios. De esa violenta revolución que él habla, no ha recibido, hasta ahora, más que posibilidades de publicación y pasajes —con todos los gastos pagos— para sus numerosos viajes al extranjero. Esto él lo sabe. Pero él, que lo conocemos, no escribe para nosotros, ni para nuestro pueblo, que sabe la verdad. Escribe en busca de un cartelito en el extranjero que le permita satisfacer su vanidad. Para lograrlo, nada mejor que hacerse el conflictivo, el perseguido, en una sociedad donde, de veras, muy poca gente piensa en él. (En esto del trato al extranjero, Padilla y otros escritores de tercera o cuarta fila como él, aprovechan todas las oportunidades para inflar artificialmente su fama: rodean a los visitantes —escritores, editores, etc.— con tanta avidez como las muchachas del Tuzex rodean a los turistas en la Praga del liberalismo, en busca de una amistad que les asegure una edición, o siquiera un rinconcito o una mención en alguna publicación de caché internacional. Son los tuzeros de nuestros medios intelectuales).

¿De gente que piensa así, puede surgir algo que sirva? ¿Puede ser el arte arma de mezquindades y bajezas? No. Así se puede obtener un premio cuando se tienen amigos que son jurados o conjurados como César López. Por la puerta de la reticencia, el veneno contrarrevolucionario y la vanidad, no se entra en la inmortalidad. Ahora ya su mano no "se hunde en la Revolución y escribe sin rencores"...; ahora es el mismo rencor, el resentimiento contrarrevolucionario personificado. No, de ahí no sale nada artísticamente bello, nada que ayude al hombre, que lo ennoblezca o mejore. Sale el vaho de quien no vacila en poner sus ambiciones personales por encima de la verdad de su pueblo, que falsifica y disloca, a ver si en el extranjero encuentra compradores para su viciada mercancía. Pero llegó tarde. En la carrera por entregarse a la CIA, otros ya habían avanzado más que él y viven ya de los beneficios.

Su actitud de provocación es clara. ¿Por qué mandó un libro precisamente a la UNEAC? ¿El, Padilla, que hace dos meses describió a esa organización como un "cascarón de figurones"? ¿Por qué buscar un premio de la Revolución, él que hace un largo tiempo ya desdeña y ataca a la Revolución y al pueblo? ¿El, que ha hecho público desprecio de todos los escritores cubanos revolucionarios y que, cuando le ha sido posible, los ha borrado de antologías y exposiciones? por cierto que su actitud, se corresponde más con una posición dogmática y cerrada —también la contrarrevolución tiene sus dogmas, y toda esta gente bajo el disfraz de condenar el panfleto revolucionario, han comenzado a escribir, están escribiendo ya (y publicando) panfletos contrarrevolucionarios. El pueblo no se daña mucho ni poco por esto. Pero es probable que algunos nuevos creadores, al ver a un Padilla protegido por ediciones de la Revolución se asombre ante el veneno que contiene. Por eso lo desenmascaramos. No se trata de que Heberto sea más o menos importante, que no lo es; no se trata de que le rompamos la página querida (por el imperialismo), ni ninguna de sus puertas. Se trata de alertar y alertarnos de cuanta basura contra el pueblo flota todavía en nuestro país.

En este poeta, las palabras más repetidas son policía, patíbulo, censores, condenados, prostituta, golpes, dictadores, césares, "empujones a media noche" que terminan en un "vamos coño, acaba de decirlo todo de una vez...", etc. Su furia contra los "policías" está completamente destinada al extranjero, como todo lo demás. Y estos despreciados policías, no están para vigilarlo a él, (menudo trabajo para un compañero) sino que tal vez en los mismos momentos en que trama un poema contra ellos, arriesgan su vida y mueren en silencio, cumpliendo misiones muy arriesgadas contra el imperialismo. Los policías en este país se llaman Carbó, se llaman Briones, se llaman pueblo. Sus nombres, aún sus propios nombres, se olvidan a veces o no se conocen, ni tienen un poeta que les cante. El imperialismo ha tenido una suerte que no queremos para ellos, ha encontrado un Padilla para que le de forma poética (?) a sus consignas.

El, en el mundo de mentiras que se ha creado sólo ve "el puñetazo en plena cara y el empujón a media noche" mientras físicamente intacto, aunque moralmente él mismo se ha destruido, concurre a tertulias y anda de correveidile de gusanitos y descontentos.

Padilla ha preparado sus ataques contra la Revolución largamente. Ha desoído consejos y ha realizado actividades que van más allá de un poemita más o menos punzante, entrando en actividades delictivas. Busca desde hace meses una oportunidad, una provocación contra la Revolución para hacer de su caso un escándalo. Lo que no ha entrado en sus cálculos es que es contra nuestro pueblo contra quien se vira. En esta lucha contra el imperialismo, él ha preferido alinearse junto al enemigo del mundo. Allá él. Pero, eso sí, que lo haga lealmente (si es que puede) y no intente servir al imperialismo utilizando al mismo tiempo viajes de la Revolución ni honores de ella.

Aunque él crea fuera del juego, las reglas del juego de la Revolución están dadas, y sin necesidad de ponerle detrás esos fantásticos "policías" de que habla en casi todos sus poemas para consumo externo, nuestro pueblo sabe ya en qué concepto tener sus actitudes.

# DECLARACIÓN DE LA UNEAC
acerca de los premios otorgados a Heberto
Padilla en Poesía y Antón Arrufat en Teatro.

15 de noviembre de 1968

El día 28 de octubre de este año se reunieron en sesión conjunta el comité director de la Unión de Escritores y Artistas de Cuba (UNEAC) y los jurados extranjeros y nacionales designados por ella en el concurso literario que, como en años anteriores, tuvo lugar en éste. El fin de dicha reunión era el de examinar juntos los premios otorgados a dos obras: en poesía, la titulada "Fuera del Juego", de Heberto Padilla, y en teatro, "Los siete contra Tebas", de Antón Arrufat. Ambas ofrecían puntos conflictivos en un orden político, los cuales no habían sido tomados en consideración al dictarse el fallo, según el parecer del comité director de la Unión. Luego de un amplísimo debate, que duró varias horas, en el que cada asistente se expresó con entera independencia, se tomaron los siguientes acuerdos, por unanimidad:

1.  Publicar las obras premiadas de Heberto Padilla en poesía y Antón Arrufat en teatro.
2.  El comité director insertará una nota en ambos libros expresando su desacuerdo con los mismos por entender que son ideológicamente contrarios a nuestra Revolución.
3.  Se incluirán los votos de los jurados sobre las obras discutidas, así como la expresión de las discrepancias mantenidas por algunos de dichos jurados con el comité ejecutivo de la UNEAC.

En cumplimiento, pues, de lo anterior, el comité director de la UNEAC hace constar por este medio su total desacuerdo con los premios concedidos a las obras de poesía y teatro que, con sus autores, han sido mencionados al comienzo de este escrito. La dirección de la UNEAC no renuncia al derecho ni al deber de velar por el mantenimiento de los principios que informan nuestra Revolución, uno de los cuales es sin duda la defensa de ésta, así de los enemigos declarados y abiertos como —y son los más peligrosos— de aquellos otros que utilizan medios más arteros y sutiles para actuar.

El IV Concurso Literario de la Unión Nacional de Escritores y Artistas de Cuba, tuvo lugar en momentos en que alcanzaban en nuestro país singular intensidad ciertos fenómenos típicos de la lucha ideológica, presentes en toda revolución social profunda. Corrientes de ideas, posiciones y actitudes cuya raíz se nutre siempre de la sociedad abolida por la Revolución, se desarrollaron y crecieron, plegándose sutilmente a los cambios y variaciones que imponía un proceso revolucionario sin acomodamientos ni transigencias.

El respeto de la revolución cubana por la libertad de expresión, demostrable en los hechos, no puede ser puesto en duda. Y la Unión de Escritores y Artistas, considerando que aquellos fenómenos desaparecerían progresivamente, barridos por un desarrollo económico y social que se reflejaría en la superestructura, autorizó la publicación en sus ediciones de textos literarios cuya ideología, en la superficie o subyacente, andaba a veces muy lejos o se enfrentaba a los fines de nuestra revolución.

Esta tolerancia que buscaba la unión de todos los creadores literarios y artísticos, fue al parecer interpretada como un signo de debilidad favorable a la intensificación de una lucha cuyo objetivo último no podía ser otro que el intento de socavar la indestructible firmeza ideológica de los revolucionarios.

En los últimos meses hemos publicado varios libros, en los que en dimensión mayor o menor y por caminos diversos, se perseguía idéntico fin. Era evidente que la decisión de respetar la libertad de expresión hasta el mismo límite en que ésta comienza a ser libertad para la expresión contrarrevolucionaria, estaba siendo considerada como el surgimiento de un clima de liberalismo sin orillas, producto siempre del abandono de los principios. Y esta interpretación es inadmisible, ya que nadie ignora, en Cuba o fuera de ella que la característica más profunda y más hermosa de la revolución cubana, es precisamente su respeto y su irrenunciable fidelidad a los principios que son raíz profunda de su vida.

Como dijimos en dos de los seis géneros literarios concursantes, Poesía y Teatro, la Dirección de la Unión encontró que los premios habían recaído en obras construidas sobre elementos ideológicos francamente opuestos al pensamiento de la Revolución.

En el caso del libro de poesía, desde su título: "Fuera del Juego", juzgado dentro del contexto general de la obra, deja explícita la autoexclusión de su autor de la vida cubana.

Padilla mantiene en sus páginas una ambigüedad mediante la cual pretende situar, en ocasiones, su discurso en otra latitud. A veces es una dedicatoria a un poeta griego, a veces una alusión a otro país. Gracias a este expediente demasiado burdo cualquier descripción que siga no es aplicable a Cuba, y las comparaciones sólo podrán establecerse en la "conciencia sucia" del que haga los paralelos. Es un recurso utilizado en la lucha revolucionaria que el autor quiere aplicar ahora precisamente contra las fuerzas revolucionarias. Exonerado de sospechas, Padilla puede lanzarse a atacar la revolución amparado en una referencia geográfica.

Aparte de la ambigüedad ya mencionada, el autor mantiene dos actitudes básicas: una criticista y otra antihistórica. Su criticismo se ejerce desde un distanciamiento que no es el compromiso activo que caracteriza a los revolucionarios. Este criticismo se ejerce además prescindiendo de todo juicio de valor sobre los objetivos finales de la Revolución y efectuando transposiciones de problemas que no encajan dentro de nuestra realidad. Su antihistoricismo se expresa por medio de la exaltación del individualismo frente a las demandas colectivas del pueblo en desarrollo histórico y manifestando su idea del tiempo como un círculo que se repite y no como una línea ascendente. Ambas actitudes han sido siempre típicas del pensamiento de derecha, y han servido tradicionalmente de instrumento de la contrarrevolución.

En estos textos se realiza una defensa del individualismo frente a las necesidades de una sociedad que construye el futuro y significa una resistencia del hombre a convertirse en combustible social. Cuando Padilla expresa que se le arrancan sus órganos vitales y se le demanda que eche a andar, es la Revolución, exigente en los deberes colectivos quien desmembra al individuo y le pide que funcione socialmente. En la realidad cubana de hoy, el despegue económico que nos extraerá del subdesarrollo exige sacrificios personales y una contribución cotidiana de tareas para la sociedad. Esta defensa del aislamiento equivale a una resistencia a entregarse en los objetivos comunes, además de ser una defensa de superadas concepciones de la ideología liberal burguesa.

Sin embargo para el que permanece al margen de la sociedad, fuera de juego, Padilla reserva sus homenajes. Dentro de la concepción general de este libro el que acepta la sociedad revolucionaria es el conformista, el obediente. El desobediente, el que se abstiene, es el visionario que asume una actitud digna. En la conciencia de Padilla, el revolucionario baila como le piden que sea el baile y asiente incesantemente a todo lo que le ordenan, es el acomodado, el conformista que habla de los milagros que ocurren. Padilla, por otra parte, resucita el viejo temor orteguiano de las "minorías selectas" a ser sobrepasadas por una masividad en creciente desarrollo. Esto tiene, llevado a sus naturales consecuencias, un nombre en la nomenclatura política: fascismo.

El autor realiza un trasplante mecánico de la actitud típica del intelectual liberal dentro del capitalismo, sea ésta de escepticismo o de rechazo crítico. Pero si al efectuar la transposición, aquel intelectual honesto y rebelde que se opone a la inhumanidad de la llamada cultura de masas y a la cosificación de la sociedad de consumo, mantiene su misma actitud dentro de un impetuoso desarrollo revolucionario, se convierte objetivamente en un reaccionario. Y esto es difícil de entender para el escritor contemporáneo que se abraza desesperadamente a su papel anti-conformista y de conciencia colectiva, pues es ése el que le otorga su función social y cree —errónea-mente—, que al desaparecer ese papel también será barrido como intelectual. No es el caso del autor que por haber vivido en ambas sociedades conoce el valor de una y otra actitud y selecciona deliberadamente.

La revolución cubana no propone eliminar la crítica ni exige que se le hagan los ni cantos apologéticos. No pretende que los intelectuales sean corifeos sin criterio. La obra de la Revolución es su mejor defensora ante la historia, pero el intelectual que se sitúa críticamente frente a la sociedad, debe saber que, moralmente, está obligado a contribuir también a la edificación revolucionaria.

Al enfocar analíticamente la sociedad contemporánea, hay que tener en cuenta que los problemas de nuestra época no son abstractos, tienen apellido y están localizados muy concretamente. Debe definirse contra qué se lucha y en nombre de qué se combate. No es lo mismo el colonialismo que las luchas de liberación nacional; no es lo mismo el imperialismo que los países subyugados económicamente; no es lo mismo Cuba que Estados Unidos; no es lo mismo el fascismo que el comunismo, ni la dictadura del proletariado es similar en lo absoluto a las dictaduras castrenses latinoamericanas.

Al hablar de la historia "como el golpe que debes aprender a resistir", al afirmar que "ya tengo el horror / y hasta el remordimiento de pasado mañana" y en otro texto: "sabemos que en el día de hoy está el error / que alguien habrá de condenar mañana" ve la historia como un enemigo, como un juez que va a castigar. Un revolucionario no teme a la historia, la ve, por el contrario, como la confirmación de su confianza en la transformación de la vida.

Pero Padilla apuesta sobre el error presente —sin contribuir a su enmienda—, y su escepticismo se abre paso ya sin límites, cerrando todos los caminos: el individuo se disuelve en un presente sin objetivos y no tiene absolución posible en la historia. Sólo queda para el que vive en la revolución abjurar de su personalidad y de sus opiniones para convertirse en una cifra dentro de la muchedumbre para disolverse en la masa despersonalizada. Es la vieja concepción burguesa de la sociedad comunista.

En otros textos Padilla trata de justificar, en un ejercicio de ficción y de enmascaramiento, su notorio ausentismo de su patria en los momentos difíciles en que ésta se ha enfrentado al imperialismo; y su inexistente militancia personal; convierte la dialéctica de la lucha de clases en la lucha de sexos; sugiere persecuciones y climas represivos en una revolución como la nuestra que se ha caracterizado por su generosidad y su apertura, identifica lo revolucionario con la ineficiencia y la torpeza; se conmueve con los contrarrevolucionarios que se marchan del país y con los que son fusilados por sus crímenes contra el pueblo y sugiere complejas emboscadas contra sí que no pueden ser índice más que de un arrogante delirio de grandeza o de un profundo resentimiento. Resulta igualmente hiriente para nuestra sensibilidad que la Revolución de Octubre sea encasillada en acusaciones como "el puñetazo en plena cara y el empujón a medianoche", el terror que no puede ocultarse en el viento de la torre Spaskaya, las fronteras llenas de cárceles, el poeta "culto en los más oscuros crímenes de Stalin", los cincuenta años que constituyen un "círculo vicioso de lucha y de terror", el millón de cabezas cada noche, el verdugo con tareas de poeta, los viejos maestros duchos en el terror de nuestra época, etcétera.

Si en definitiva en el proceso de la revolución soviética se cometieron errores, no es menos cierto que los logros —no mencionados en "El abedul de hierro"—, son más numerosos, y que resulta francamente chocante que a los revolucionarios bolcheviques, hombres de pureza intachable, verdaderos poetas de la transformación social, se les sitúe con falta de objetividad histórica, irrespetuosidad hacia sus actos y desconsideración de sus sacrificios.

Sobre los demás poemas y sobre estos mencionados, dejemos el juicio definitivo a la conciencia revolucionaria del lector que sabrá captar qué mensaje se oculta entre tantas sugerencias, alusiones, rodeos, ambigüedades e insinuaciones.

Igualmente entendemos nuestro deber señalar que estimamos una falta ética matizada de oportunismo que el autor en un texto publicado hace algunos meses, acusara a la UNEAC con calificativos denigrantes, y que en un breve lapso y sin que mediara una rectificación se sometiera al fallo de un concurso que esta institución convoca.

También entendemos como una adhesión al enemigo, la defensa pública que el autor hizo del tránsfuga Guillermo Cabrera Infante, quien se declaró públicamente traidor a la Revolución.

En última instancia concurren en el autor de este libro todo un conjunto de actitudes, opiniones, comentarios y provocaciones que lo caracterizan y sitúan políticamente en términos acordes a los criterios aquí expresados por la UNEAC, hechos que no eran del conocimiento de todos los jurados y que alargarían innecesariamente este prólogo de ser expuestos aquí.

En cuanto a la obra de Antón Arrufat, "Los siete contra Tebas", no es preciso ser un lector extremadamente suspicaz, para establecer aproximaciones más o menos sutiles entre la realidad fingida que plantea la obra, y la realidad no menos fingida que la propaganda imperialista difunde por el mundo, proclamando que se trata de la realidad de Cuba revolucionaria. Es por esos caminos como se identifica a la "ciudad sitiada" de esta versión de Esquilo con la "isla cautiva" de que hablara John F. Kennedy. Todos los elementos que el imperialismo yanqui quisiera que fuesen realidades cubanas, están en esta obra, desde el pueblo aterrado ante el invasor que se acerca (los mercenarios de Playa Girón estaban convencidos que iban a encontrar ese terror popular abriéndoles todos los caminos), hasta la angustia por la guerra que los habitantes de la ciudad (el Coro), describen como la suma del horror posible, dándonos implícito el pensamiento de que lo mejor sería evitar ese horror de una lucha fratricida, de una guerra entre hermanos. Aquí también hay una realidad fingida: los que abandonan su patria y van a guarecerse en la casa de los enemigos, a conspirar contra ella y prepararse para atacarla, dejan de ser hermanos para convertirse en traidores. Sobre el turbio fondo de un pueblo aterrado, Etéocles y Polinice dialogan a un mismo nivel de fraterna dignidad.

Ahora bien: ¿a quién o a quiénes sirven estos libros? ¿Sirven a nuestra revolución, calumniada en esa forma, herida a traición por tales medios?

Evidentemente, no. Nuestra convicción revolucionaria nos permite señalar que esa poesía y ese teatro sirven a nuestros enemigos, y sus autores son los artistas que ellos necesitan para alimentar su caballo de Troya a la hora en que el imperialismo se decida a poner en práctica su política de agresión bélica frontal contra Cuba. Prueba de ello son los comentarios que esta situación está mereciendo de cierta prensa yanqui y europea occidental, y la defensa, abierta unas veces y "entreabierta" otras, que en esa prensa ha comenzado a suscitar. Está "en el juego", no fuera de él, ya lo sabemos, pero es útil repetirlo, es necesario no olvidarlo.

En definitiva se trata de una batalla ideológica, un enfrentamiento político en medio de una revolución en marcha, a la que nadie podrá detener. En ella tomarán parte no sólo los creadores ya conocidos por su oficio, sino también los jóvenes talentos que surgen en nuestra isla, y sin duda los que trabajan en otros campos de la producción y cuyo juicio es imprescindible, en una sociedad integral.

En resumen: la dirección de la Unión de Escritores y Artistas de Cuba rechaza el contenido ideológico del libro de poemas y de la obra teatral premiados.

Es posible que tal medida pueda señalarse por nuestros enemigos declarados o encubiertos y por nuestros amigos confundidos, como un signo de endurecimiento. Por el contrario, entendemos que ella será altamente saludable para la Revolución, porque significa su profundización y su fortalecimiento al plantear abiertamente la lucha ideológica.

COMITE DIRECTOR DE LA
UNIÓN DE ESCRITORES Y ARTISTAS DE CUBA

La Habana, 15 de noviembre de 1968
"Año del Guerrillero Heroico".

# CARTA DEL PEN CLUB DE MÉXICO
# A FIDEL CASTRO[7]

«Los suscritos, miembros del PEN Club de México y simpatizantes de la lucha del pueblo cubano por su independencia, desaprobamos la aprehensión del poeta Heberto Padilla y deploramos las declaraciones que en torno a este hecho le atribuye a usted la agencia France Press.

Nuestro criterio común afirma el derecho a la crítica intelectual lo mismo en Cuba que en cualquier otro país. La libertad de Heberto Padilla nos parece esencial para no terminar, mediante un acto represivo y antidemocrático, con el gran desarrollo del arte y la literatura cubanas.

Atentamente.

José Álvaro, Fernando Benítez, Gastón García Cantú, José Luis Cuevas, Salvador Elizondo, Isabel Fraire, Carlos Fuentes, Juan García Ponce, Vicente Leñero, Eduardo Lizalde, Marco Antonio Montes de Oca, José Emilio Pacheco, Octavio Paz, Carlos Pellicer, José Revueltas, Juan Rulfo, Jesús Silva Herzog, Ramón Xirau, Gabriel Zaid».

---

[7] *Excelsior* (México), 2 de abril de 1971.

# PRIMERA CARTA DE LOS INTELECTUALES EUROPEOS Y LATINOAMERICANOS A FIDEL CASTRO[8]

Comandante Fidel Castro

Primer Ministro del Gobierno Revolucionario

Los abajo firmantes, solidarios con los principios y objetivos de la Revolución Cubana, le dirigimos la presente para expresar nuestra inquietud debida al encarcelamiento del poeta y escritor Heberto Padilla y pedirle reexamine la situación que este arresto ha creado.

Como el gobierno cubano hasta el momento no ha proporcionado información alguna relacionada con este arresto, tememos la reaparición de una tendencia sectaria mucho más violenta y peligrosa que la denunciada por usted en marzo de 1962, y a la cual el Comandante Che Guevara aludió en distintas ocasiones al denunciar la supresión del derecho de crítica dentro del seno de la Revolución.

En estos momentos —cuando se instaura en Chile un gobierno socialista y cuando la nueva situación creada en el Perú y Bolivia facilita la ruptura del bloqueo criminal impuesto a Cuba por el imperialismo norteamericano— el uso de medidas represivos contra intelectuales y escritores quienes han ejercido el derecho de crítica dentro de la Revolución, puede únicamente tener repercusiones sumamente negativas entre las fuerzas anti-imperialistas del mundo entero, y muy especialmente en la América Latina, para quienes la Revolución Cubana representa un símbolo y estandarte.

Al agradecerle la atención que se sirva prestar a nuestra petición, reafirmamos nuestra solidaridad con los principios que inspiraron la lucha en la Sierra Maestra y que el gobierno revolucionario de Cuba ha expresado

---

[8] Publicada originalmente en francés en el periódico *Le Monde* de París el 9 de abril de 1971. Tomada del libro *El Caso Padilla: Literatura y Revolución en Cuba*. Ediciones Universal y Nueva Atlántida, Miami, 1971.

tantas veces por medio de las palabras y acciones de su Primer Ministro, del comandante Ché Guevara y de tantos otros dirigentes revolucionarios.

Firman (Lista de «Le Monde», abril 9, 1971):

Carlos Barral, Simone de Beauvoir, Italo Calvino, José María Castellet, Fernando Claudín, Julio Cortázar, Jean Daniel, Marguerite Duras, Hans Magnus Enzensbeger, Jean-Pierre Faye, Carlos Franqui, Carlos Fuentes, Gabriel García Márquez, Juan Goytisolo, Luis Goytisolo, Alain Jouffroy, André Pieyre de Mandiargues, Joyce Mansour, Dionys Mascolo, Alberto Moravia, Maurice Nadezu, Hélene Parmelin, Octavio Paz, Anne Philipe, Pignon, Jean Pronteau, Rebeyrolles, Rossana Rossanda, Francisco Rossi, Claude Roy, Jean-Paul Sartre, Jorge Semprún, Mario Vargas Llosa.

# INTERVENCIÓN EN LA
# UNIÓN DE ESCRITORES Y ARTISTAS DE CUBA,
# EL MARTES 27 DE ABRIL DE 1971[9]

Padilla, arrestado el 20 de marzo de 1971, fue puesto en libertad el martes 27 de abril en las primeras horas de la madrugada. Esa misma noche, ante una reunión de la UNEAC —Unión de Escritores y Artistas de Cuba—, Padilla pronunció el discurso que reproducimos.

JOSÉ ANTONIO PORTUONDO: Compañeros, durante varios días hubo conversaciones, rumores, etcétera, en torno a Heberto Padilla y a su situación. El, por su parte, hizo una solicitud al Gobierno Revolucionario en el sentido de explicar personalmente su caso. El Gobierno Revolucionario accedió a que Heberto Padilla explicara a los compañeros escritores lo referente a su caso, y se estimó que el sitio mejor para que esto se realizara fuera en el seno de nuestra Unión de escritores y artistas de Cuba, que es en definitiva el organismo de los escritores y artistas de Cuba.

Por eso, hoy Padilla va a venir a exponernos a todos la realidad de su caso y, sin más dilación, él tiene la palabra. Quiero ante todo solamente excusar la ausencia del compañero Nicolás Guillén. El era el que debiera estar aquí presidiendo este acto, pero todos ustedes saben que Nicolás ha estado seriamente enfermo y que se le ha prescrito un reposo absoluto; un reposo que tratándose de Nicolás nunca es absoluto, pero que nosotros hemos tratado de absolutizar lo más posible. Por esa razón él no está esta noche aquí, nosotros no hemos querido que él salga de su casa, y yo lo sustituyo. Pero el compañero Nicolás está enterado de todo lo que estamos haciendo aquí y de todo lo que aquí se va a decir.

---

[9] El texto que reproducimos a continuación ha sido tomado de la revista **Casa de las Américas**, Año XI, No. 65-66 (marzo-junio 1971) pp. 191-203. (*El Caso Padilla: Literatura y Revolución en Cuba* de Lourdes Casal. Ediciones Universal & Nueva Atlántida, Miami, 1971).

HEBERTO PADILLA: Gracias, doctor.

Compañeros, desde anoche a las doce y media, más o menos, la Dirección de la Revolución me puso en libertad, me ha dado la oportunidad de dirigirme a mis amigos y compañeros escritores sobre una serie de aspectos a los que seguidamente yo me voy a referir.

Yo quiero aclarar que esta reunión, que esta conversación, es una solicitud mía. Que esta reunión ustedes saben perfectamente que la Revolución no tiene que imponérsela a nadie. Yo hice un escrito y yo lo presenté a la Dirección de nuestro Gobierno Revolucionario, yo planteé la necesidad de explicar una serie de puntos de vistas míos, de actividades y actitudes mías, delante de ustedes que son mis compañeros, porque creo que la experiencia mía puede tener algún valor, yo diría que un interesante, un ejemplar valor para muchos de mis amigos y de mis compañeros.

Ustedes saben perfectamente que desde el pasado 20 de marzo yo estaba detenido por la Seguridad del Estado de nuestro país. Estaba detenido por contrarrevolucionario. Por muy grave y por muy impresionante que pueda resultar esta acusación, esa acusación estaba fundamentada por una serie de actividades, por una serie de críticas... Críticas—que es una palabra a la que quise habituarme en contacto con los compañeros de Seguridad—no es la palabra que cuadra a mi actitud, sino por una serie de injurias y difamaciones a la Revolución que constituyen y constituirán siempre mi vergüenza frente a esta Revolución. Yo he tenido muchos días para reflexionar, en Seguridad del Estado. Yo quiero decirles a ustedes algunas cosas sobre mi actitud que muchos de ustedes pueden sentirse sorprendidos de oírme no porque muchos de ustedes las ignorasen, sino porque muchos pueden creer que sea yo capaz de reconocerlas en público. Es decir, no es tanto el hecho de mis actitudes, de mis actividades, como mi disposición a hablar de ellas lo que puede constituir una sorpresa.

Yo he cometido muchísimos errores, errores realmente imperdonables, realmente censurables, realmente incalificables. Y yo me siento verdaderamente ligero, verdaderamente feliz después de toda esta experiencia que he tenido, de poder reiniciar mi vida con el espíritu con que quiero reiniciarla.

Yo pedí esta reunión, y yo no me cansaré nunca de aclarar que la pedí, porque yo sé que si alguien hay suspicaz es un artista y un escritor. Y no en Cuba solamente, sino en muchos sitios del mundo. Y si he venido a improvisarla y no a escribirla—y estas noticias no significan absolutamente nada, estas noticas son siempre la cobardía del que cree que va a olvidar un dato—, si he venido a improvisarla es precisamente por la confianza que la

Revolución tiene, durante todas las conversaciones que hemos tenido durante estos días pasados, de que yo voy a decir la verdad. Una verdad que realmente me costó trabajo llegar a aceptar —debo decirlo—, porque yo siempre preferí mis justificaciones, mis evasivas, porque yo siempre encontraba una justificación a una serie de posiciones que realmente dañaban a la Revolución.

Yo, bajo el disfraz del escritor rebelde, lo único que hacía era ocultar mi desafecto a la Revolución. Yo decía: ¿era esto realmente un desafecto? Yo lo discutía en Seguridad. Y cuando yo vi el cúmulo de actividades, el cúmulo de opiniones, el cúmulo de juicios que yo vertía con cubanos y extranjeros, el número de injurias y difamaciones, yo me detuve y tuve que decir realmente: ésta es mi verdad, este es mi tamaño, este es el hombre que realmente yo era; este es el hombre que cometía estos errores, este es el hombre que objetivamente trabajaba contra la Revolución y no en beneficio de ella; este era el hombre que cuando hacía una crítica no la hacía al organismo al que debía criticársele, sino que hacía la crítica al pasillo, que hacía la crítica al compañero con mala intención. Se me dirá que eran críticas privadas, que eran críticas personales, que eran opiniones. Para mí eso no tiene importancia. Yo pienso que si yo quería ser, como lo que yo quería ser, era un escritor revolucionario y un escritor crítico, mis opiniones privadas y las opiniones que yo pudiera tener con mis amigos tenían que tener el mismo peso moral que las opiniones que yo debía tener en público. Porque no podía ser posible que se mantuviera esa duplicidad, que en lo público yo me manifestase como un militante indiscutible de la Revolución, y en lo privado me manifestase objetivo. Porque el error de muchos escritores es creerse como un desafecto vulgar, como un contrarrevolucionario eso; no de todos, afortunadamente, porque hay excepciones honrosas que afortunadamente han llevado adelante la posición moral de nuestros escritores, pero sí de muchos, y yo diría que de la mayoría de nuestros escritores y de nuestros artistas.

Y no había ningún derecho a que ésta fuese nuestra posición; no había ningún derecho a esta dicotomía, a que por un lado pensásemos de una forma en nuestra vida privada, a que fuésemos unos desafectos como era yo, verdaderamente venenoso y agresivo y acre contra la Revolución, y por el otro, en lo internacional, queriendo proyectar la imagen de un escritor inconforme y de un escritor inquieto.

A mí me gustaría encontrar un montón de palabras agresivas que pudieran definir perfectamente mi conducta. A mí me gustaría poder agradecer infinitamente las veces que muchísimos de mis amigos revolucionarios se me acercaron previniéndome de que mis actitudes eran actitudes muy negativas y actitudes que dañaban a la Revolución. Y yo realmente no perdonaré nunca el que los desoyese; yo nunca lo perdonaré. Pero esos fueron mis errores. Esos fueron los errores de que yo he hablado durante este mes en la Seguridad del Estado.

Yo he criticado cada una de las iniciativas de nuestra Revolución. Es más, yo he hecho una especie de estilo de la agresividad. Yo me siento avergonzado y tenía necesidad de hablar con mis amigos porque yo no creía que bastara el que yo escribiese una carta al Gobierno Revolucionario arrepintiéndome y que esa carta fue aceptada y que la Revolución tuviera la generosidad de permitirme hablar con ustedes. Eso no es suficiente. Para que una rectificación, para que un hombre realmente apoye su rectificación moral delante de su país y de sus compañeros, es necesario que ese hombre sea capaz de decirlo espontáneamente a esos compañeros: que está dispuesto a esa rectificación. Y decirlo justamente a un sector al que yo quiero referirme un poco más adelante, pero que tiene ciertas características y ciertas peculiaridades que son para la Revolución de suma importancia.

Yo, compañeros, como he dicho antes, he cometido errores imperdonables. Yo he difamado, he injuriado constantemente la Revolución, con cubanos y con extranjeros. Yo he llegado sumamente lejos en mis errores y en mis actividades contrarrevolucionarias —no se le puede andar con rodeos a las palabras—. Yo, cuando fui a Seguridad, sobre todo tenía la tendencia a tenerle miedo a esa palabra, como si esa palabra no tuviese una carga muy clara y un valor muy específico, ¿no? Es decir, contrarrevolucionario es el hombre que actúa contra la Revolución, que la daña. Y yo actuaba y yo dañaba a la Revolución. A mí me preocupaba más mi importancia intelectual y literaria que la importancia de la Revolución. Y debo decirlo así.

En el año 1966, cuando yo regresé de Europa a Cuba, yo puedo calificar ese regreso como la marca de mi resentimiento. Lo primero que yo hice al regresar a Cuba, meses después, fue aprovechar la coyuntura que me ofreció el suplemento literario *El Caimán Barbudo*, con motivo de la publicación de la novela de Lisandro Otero *Pasión de Urbino*, para arremeter allí despiadada e injustamente contra un amigo de años, contra un amigo verdadero como era Lisandro Otero. Un amigo que a mi regreso de Europa me dio su casa de la playa para que viviera un mes en los dos meses de descanso que yo tenía por mi ministerio. Lo primero que yo hice fue atacar a Lisandro. Le dije horrores a Lisandro Otero. ¿Y a quién defendí yo? Yo defendí a Guillermo

Cabrera Infante. ¿Y quién era Guillermo Cabrera Infante, que todos nosotros conocemos? ¿Quién era y quién había sido siempre Guillermo Cabrera Infante? Guillermo Cabrera Infante había sido siempre un resentido, no ya de la Revolución, un resentido social por excelencia, un hombre de extracción humildísima, un hombre pobre; un hombre que no sé por qué razones se amargó desde su adolescencia y un hombre que fue desde el principio un enemigo irreconciliable de la Revolución. Y yo no era ajeno a esas características de Guillermo Cabrera Infante. Y lo primero que hice fue defender a Guillermito, que es un agente declarado, un enemigo declarado de la Revolución, un agente de la CIA, defenderlo contra Lisandro Otero. Defenderlo ¿por qué? Defenderlo en nombre de valores artísticos. ¿Y qué valores artísticos excelentes y extraordinario puede aportar la novela de Guillermo Cabrera Infante, *Tres Tristes Tigres*? ¿Qué valores excepcionales, qué contribución excepcional a la literatura puede aportar ese libro que mereciese que yo aprovechase esa ocasión que me brindaba *El Caimán Barbudo* para atacar a un amigo entrañable? Yo, que no era un crítico profesional, porque no era mi obligación el establecer diferencias específicas entre lo político y lo literario; yo, que no era un crítico profesional, lo primero que hago es arremeter contra Lisandro Otero injustamente, porque Lisandro jamás me viró las espaldas. Lisandro quería llevarme a la revista *Cuba*. Ah, pero yo debo ser sincero con mis amigos, yo aproveché esa ocasión para molestar a Lisandro, porque estaba molesto con Lisandro. Pero es que la molestia con Lisandro se convertía en un problema político, y esta actitud tenía consecuencias políticas que iban a dañar directamente a la Revolución.

Porque en esa pequeña nota venenosa que yo escribí para *El Caimán Barbudo*, yo atacaba nada menos que a tres organismos de la Revolución. Yo atacaba, por ejemplo, a mi organización, a la Unión de escritores y artistas. Yo decía que la Unión de escritores y artistas era un cascarón de figurones. Yo atacaba al Ministerio de Relaciones Exteriores por haber prescindido de los servicios de un contrarrevolucionario como era Guillermo Cabrera Infante, que había estado tres años en Bruselas y que aquello le había permitido vincularse a los enemigos de la Revolución, como se ha demostrado claramente, como él mismo se ha esforzado en declararlo. Yo ataqué incluso despiadadamente al compañero de Seguridad que informó contra las actividades de Guillermo Cabrera Infante, hablando del estilo literario, como si el estilo literario tuviera algo que ver con la verdad o como si la verdad no fuera más importante que el estilo literario.

Estas cosas que ustedes me oyen ahora, ustedes pensarán que debí pensarlas antes. Si, es cierto. Es cierto, yo debí pensarlas antes. Pero la vida, es así, el hombre comete sus errores. Yo he cometido esos errores que son imperdonables. Yo sé, por ejemplo, que esta intervención de esta noche es una generosidad de la Revolución, que yo esta intervención no me la merecía, que yo no merecía el estar libre. Lo creo sinceramente; lo creo por encima de esa alharaca internacional que aprecio en el orden personal, porque creo que son compañeros que viven otras experiencias y otros mundos, que tienen una visión completamente diferente de la situación cubana, situación que yo he falseado en cierta forma o en todas las formas. Porque yo he querido identificar determinada situación cubana con determinada situación internacional de determinadas etapas del socialismo que ha sido superada en esos países socialistas, tratando de identificar situaciones históricas con esta situación histórica que nada tiene que ver con aquéllas. Y estos compañeros que me han apoyado, que se han solidarizado conmigo internacionalmente, desconocen a fondo mi vida de los últimos años. Desconocen, muchos de ellos, el hecho de que yo hubiera tenido esas actividades, de que yo hubiese asumido esas actitudes, de que yo hubiese llevado a cabo tales posiciones.

Es una actitud natural de los escritores en el mundo capitalista y yo espero que estos compañeros, al darse cuenta de la generosidad de la Revolución, al verme aquí pudiendo hablar libremente con ustedes—porque si éstas no fueran mis ideas lo primero que debería exigírseme a mí sería la valentía en este momento de decir cuáles deberían ser realmente mis ideas, aunque mañana tuviera que regresar a la cárcel. Y si quiere decir que no las digo quiere decir que no la siento, y si no las siento quiere decir que esos compañeros que se han solidarizado deberían rectificar, y deberían admitir que la Revolución cubana es superior al hombre con que se han solidarizado. Y que la Revolución cubana es justa y que la Revolución cubana ha tenido en cuenta todos los hechos, y que la Revolución cubana me ha dado la oportunidad a mí no de ir a los tribunales revolucionarios por una serie de circunstancias que yo voy a enumerar, sino de venir a hablar con ustedes y de vivir mi vida de siempre después de un mes de experiencia ejemplar. Yo decía que desde mi regreso de Europa toda mi vida estuvo marcada por el resentimiento. Yo decía que si esa notica que yo escribí al principio era venenosa, la que escribí después superaba en veneno a esa otra pequeñita. Me refiero a la respuesta que yo di a la que los compañeros de *El Caimán*

*Barbudo* dieron a la pequeña que en el inicio hice. Es decir, una especie de alegato contra la política de la Revolución.

Aquel alegato era de una petulancia, aquel alegato expresaba unos alardes teóricos que yo he padecido siempre, lamentablemente, de lo que yo realmente me siento sumamente avergonzado. Porque además ¿qué mérito revolucionario, compañeros, tenía yo en una Revolución sumamente joven en donde el mérito revolucionario debe primar, debe estar por encima de cualquier otro tipo de consideración? En una revolución hecha a noventa millas del imperialismo, este lugar común que a fuerza de reiteraciones nunca podrá perder su verosimilitud: ¿qué valor puede tener un hombre sino precisamente el haber tenido el sentido histórico de haber asumido una posición —y yo edad tenía para asumirla en el momento en que otros, valerosos, realmente revolucionarios, la asumieron frente a la tiranía de Batista—? ¿Cuáles eran mis méritos para poder convertirme en ese "fiscal increíble", como me había calificado acertadamente la revista *Verde Olivo*? ¿Cuáles eran mis méritos revolucionarios para convertirme precisamente en el hombre que debía ser el crítico de la Revolución, el único escritor con mentalidad política que podía oponerse al proceso revolucionario e imponer sus ideas? Ninguno; yo no tenía esos méritos revolucionarios. Tampoco tenía la verdad, que podría ser un mérito en sí mismo, porque como ya se ha visto era injusto, y prefería un enemigo a un amigo, prefería el resentimiento a una valoración inteligente y sensata de los hechos. No tenía ninguna razón y, sin embargo, lo hice.

Yo, que debía haber estado agradecido de una Revolución que me permitió viajar, que me permitió dirigir una de sus empresas, que me permitió representar a uno de sus ministerios en distintos países europeos; yo, defendiendo a un contrarrevolucionario, a un enemigo declarado de la Revolución como era Guillermo Cabrera Infante, contra un compañero leal, contra un compañero que siempre me había dado muestras de cariño, de afecto, con quien siempre tuve mucha identificación, largas correspondencias, como era Lisandro Otero.

Pero es que yo quería sobresalir —hay que juzgar las cosas como son—. Yo hice muy mal mi papel, tengo que empezar por decir eso. Yo quería sobresalir. Yo quería demostrar que el único escritor agredido entre comillas era Heberto Padilla, y el escritor agredido entre comillas, revolucionario era Guillermo Cabrera Infante. Y que el resto era una serie de remisos y un montón de funcionarios acobardados. Y que la Unión de escritores no valía para nada porque esa Unión de escritores no asumía mi misma posición.

Ese fue mi inicio, esa fue mi más clara actividad enemiga, mi más específica actividad para dañar a la Revolución: asumir los alardes teóricos de un hombre que no tenía mérito revolucionario alguno para asumirlo. Defender a un traidor frente a un compañero que ha dado pruebas cabales de su lealtad, de su inteligencia creadora al servicio de la Revolución.

A mí me gustaría que Guillermo Cabrera Infante no fuera un contrarrevolucionario, y me gustaría que su talento estuviera al servicio de la Revolución. Pero, como decía Martí, la inteligencia no es lo mejor del hombre. Y si algo yo he aprendido entre los compañeros de Seguridad del Estado, que me han pedido que no hable de ellos porque no es el tema el hablar de ellos sino el hablar de mí, yo he aprendido en la humildad de estos compañeros, en la sencillez, en la sensibilidad, el calor con que realizan su tarea humana y revolucionaria, la diferencia que hay entre un hombre que quiere servir a la Revolución y un hombre preso por los defectos de su carácter y de sus vanidades.

Yo asumí esas posiciones. Y además, lo que es peor, yo llevé esas posiciones a un terreno a donde yo nunca debí llevar esas posiciones. A un terreno en que esas posiciones no caben: al terreno de la poesía. Yo he pensado mucho en esto, he reflexionado mucho, seriamente, en lo que me llevó a llevar estas posiciones a la poesía. Estas posiciones no habían sido nunca asumidas; tomadas, expuestas en la poesía cubana. La poesía cubana del comienzo de la Revolución, la misma que yo hice en etapas breves que la propia Revolución me ha reconocido en mis conversaciones con Seguridad, era una poesía de entusiasmo revolucionario, una poesía ejemplar, una poesía como corresponde al proceso joven de nuestra Revolución. Y yo inauguré —y esto es una triste prioridad—, yo inauguré el resentimiento, la amargura, el pesimismo, elementos todos que no son más que sinónimos de contrarrevolución en la literatura.

Ustedes saben que yo me estoy refiriendo a *Fuera del Juego*, que ustedes me han oído defender mucho. Pero es que hay que pensar profundamente las cosas. Pensemos sinceramente en *Fuera del Juego*. ¿Ustedes piensan, si ustedes leen ese libro que es en realidad un libro revolucionario? ¿Es un libro que invita a la Revolución y a la transformación de una sociedad?

Yo he pensado, he repensado muchas veces, he tenido muchos días para pensar en eso, en esos poemas, desde el primero hasta el último. ¿Qué es lo que marca ese libro? ¿Qué es lo que le da la característica esencial a ese libro? Pues lo que le da la característica esencial a ese libro es, bajo la apariencia de un desgarramiento por los problemas de la historia, lo cual no es más que una forma del colonialismo ese de que ha hablado Fidel en sus últimos discursos, una forma de importar estados de ánimos ajenos, experiencias históricas ajenas, a un momento de la Revolución que no tiene de la historia ese desencanto, sino todo lo contrario, un momento de la historia en que se puede tocar el ímpetu de todas las realizaciones y de todos los momentos de desarrollo y de entusiasmo que puede tener una Revolución.

Pero yo no, yo empecé mi libro como hubiera podido empezar un filósofo viejísimo y enfermo del hígado con un poema que se llama "En tiempos difíciles". Y por ahí siguen una serie de poemas. Ese libro está lleno de amargura, está lleno de pesimismo. Ese libro está escrito con lecturas, ese libro no expresa una experiencia de la vida, no interioriza la experiencia cubana. Hay que reconocerlo. Ese libro expresa un desencanto, y el que lo aprecie lo único que hace es proyectar su propio desencanto.

Y desencanto hay muy antiguo en muchos hombres. Porque la Revolución no es un fenómeno que transforme la alegría del hombre y que la reafirme y la haga extraordinaria en tres días. Para la tristeza hay millones de años de experiencia. No sé quien lo dijo, tal vez lo repitió Roberto alguna vez, o lo dijo por primera vez, pero para la alegría no hay mucha experiencia en la poesía. Es más fácil llorar que alegrarse, que escribir sobre la esperanza y sobre los sueños, y sobre la poesía de la vida.

Hay *clichés* del desencanto. Y esos *clichés* yo los he dominado siempre. Aquí hay muchos amigos míos que yo estoy mirando ahora, que lo saben. César Leante lo sabe, César sabe que yo he sido un tipo escéptico toda mi vida, que yo siempre me he inspirado en el desencanto, que mi desencanto ha sido el centro de todo mi entusiasmo —valga esa absurda forma de expresión—. Es decir, el motor de mi poesía ha sido el pesimismo, el escepticismo, el desencanto. Y ese libro, *Fuera del juego*, está marcado por ese escepticismo y por esa amargura. Ese escepticismo y esa amargura no entusiasman y no llevan a la Revolución. Esos poemas llevan al espíritu derrotista, y el espíritu derrotista es contrarrevolución.

Y yo he tenido muchos días para discutir estos temas, y los compañeros de Seguridad no son policías elementales; son gente muy inteligente. Mucho más inteligentes que yo; lo reconozco. Y más joven que yo. Cuadros que yo no sé de dónde han sacado, todavía no sé de dónde... Porque muchas veces, me acuerdo que le pregunté a un compañero, no quiero ni mencionarlo, un oficial, le dije: ¿Pero de dónde han sacado ustedes estos cuadros? Y yo estaba afuera, porque tuvieron la gentileza en muchas ocasiones de llevarme a tomar el sol—, y había un grupo de niños, muy pobres, muy simples, muy sencillos, cubanos, y me dijo: "mira, chico, de ahí". Y me dio una respuesta simple, un adverbio de lugar: ahí, chico; de ahí salí yo, y de ahí salimos todos.

Yo me sentí muy avergonzado, y me sentía todos los días muy avergonzado de aquellas conversaciones sanas que tampoco se podían identificar con las conversaciones enfermizas que eran el tema central de mi vida en los últimos años.

Y así yo fui asumiendo actitudes, así me fui envenenando, así me fui separando de mis amigos. Si mis amigos antes eran, por ejemplo, Roberto Fernández Retamar, Lisandro Otero, Edmundo Desnoes, Ambrosio Fornet, por citar sólo algunos, después ellos no fueron, no podían ser mis amigos. Ellos hicieron esfuerzos porque yo rectificara. Yo recuerdo mis conversaciones y mis discusiones con Roberto, pero es que mi verba era tremenda y entonces mi retórica lo ahogaba a él, o él, en fin, no tenía por qué llevar más lejos su capacidad de persuasión, porque bastante edad tenía yo para ello. Y lo cierto es que yo seguía en mis argumentaciones enfermizas y negativas, y él seguía una línea correcta. Y ellos, este grupo de compañeros, y muchos otros más seguían una línea correcta y yo incorrecta. ¡Y yo incorrecta! y yo completamente hostil, completamente venenosa. Y me alegra encontrar esas palabras rotundas y sonoras para calificarla, porque son palabras que mientras más me denigran en lo semántico—si es que esto puede tener algún valor para la literatura—, más me alegran en lo espiritual.

Si antes ellos habían sido mis amigos, después ¿quiénes fueron mis amigos? ¡Ah!, los periodistas extranjeros que venían a Cuba. ¿Y qué buscaban esos periodistas extranjeros que venían a Cuba? ¿Ellos venían aquí a admirar la grandeza de la Revolución? Yo no diré que todos, porque los ha habido y los hay que realmente aman y apoyan nuestra Revolución. Pero los que se acercaban a mí, específicamente a mí, ¿verdaderamente buscaban la grandeza de la Revolución, el esfuerzo de nuestro pueblo, el tesón, la energía de nuestros dirigentes? No. Ellos buscaban al desafecto Heberto Padilla, al resentido marginal, al tipo que les podía hacer un análisis, sobre todo sonoro más que racional, de nuestra situación; el tipo que tenía la astucia necesaria para organizar cuatro o cinco lugares comunes sobre problemas que en realidad no conocía, sobre problemas de los que ignoraba casi todo, de los que sabía muy poco. Pero lo hacía; lo hacía. Y estos periodistas difundían mi nombre. Y en los artículos sobre Cuba en el extranjero se hablaba con mucho entusiasmo sobre mí y se me veía como un escritor rebelde, como un escritor "contestatario" —como dicen los franceses—, intransigente, se me veía como un tipo característico de los países socialistas, el tipo que en Cuba simbolizaba lo que en otros países han simbolizado otros. Es decir, una especie de traslación mecánica y completamente artificial de una situación a otra situación. Ellos sabían el juego en que estaban; ellos me halagaban, ellos me entrevistaban, ellos hacían de mí semblanzas adorables. Y ellos hacían ese juego y yo me beneficiaba con ese juego, mi nombre estaba en circulación, y yo era perfectamente consciente de todo·esto que estaba ocurriendo. El problema era que yo he tenido debilidades muy grandes. Porque sin talento político alguno, mis lecturas y mis preocupaciones han sido sobre la política y sobre los problemas políticos. En realidad, no tengo valentía alguna para tomar un fusil e ir a una montaña como han hecho otros hombres. Ahora, para la montaña verbal, para el análisis de la esquina y del cuarto, para eso he tenido un talento inmedible; eso no hay duda.

Por ejemplo, yo recuerdo el libro de Lee Lockwood, el periodista norteamericano, donde aparece mi foto con un tabaco y un periódico *Granma*, una foto muy hábilmente hecha y muy inteligentemente hecha—yo no quiero calificar en un sentido negativo esa foto de Lee Lockwood—, una foto que hizo él, pero que aparece con un pie de grabado que define perfectamente la *pose* que adopto yo en esa fotografía. Ese pie de grabado dice: "Heberto Padilla, poeta y *enfant terrible* (—niño terrible—) político".

En fin, me enamoré de esa imagen. Pero esa imagen ¿a dónde me llevaba? ¿Y sobre qué nacía esa imagen? ¿Y de qué se beneficiaba esa imagen? ¿Qué cosa era un niño terrible —como dicen los franceses— político? ¿De qué se beneficiaba esa terribilidad sino de la enemistad con la Revolución? ¿De qué se beneficiaba sino de la contrarrevolución, del desafecto, del veneno? De eso.

Mi nombre circulaba, mi libro *Fuera del juego* tuvo un premio en la Unión de escritores y artistas de Cuba, mi libro *Fuera del juego* obtuvo el premio por unanimidad. La Unión de escritores y artistas de Cuba, el ejecutivo de la Unión de escritores, escribió un prólogo crítico contra ese libro. ¿Y a mí qué me importaba ese prólogo crítico, si al lado de ese prólogo crítico aparecía la defensa apasionada de los cinco miembros del Jurado? Eso era lo importante.

Además, no sólo aparecía esto. Aparecía el voto del crítico británico Cohen que decía que este libro *Fuera del juego* habría ganado un premio en cualquier país del mundo occidental. Es precisamente en esta especificación geográfica y política, el mundo occidental, en donde radicaba la diferencia entre lo que hubiera debido ser un premio y otro; porque un premio de la Unión de escritores y artistas de Cuba tenía que ser un premio revoluciona- rio, precisamente el premio más revolucionario, porque es justamente el premio de la Unión de sus escritores revolucionarios.

Y el libro obtuvo ese premio. Y ese libro inmediatamente fue publicado en Francia por la editorial Du Seuil, una editorial que tradujo los cincuentipi- co poemas en menos de un mes, a toda máquina, y que puso por fuera una banda insidiosa que decía: "¿Se puede ser poeta en Cuba?", con lo cual quería decir que no se podía ser poeta en Cuba.

Yo me beneficiaba con la situación internacional, yo obtenía con todo este hecho una doble importancia: la importancia intelectual y la importancia política; intelectual, porque un grupo de escritores y de críticos de primera fila me otorgaba un premio nacional de literatura de un país en Revolución; y política, porque este libro marcaba la culminación de lo que yo imaginaba que era mi triunfo frente a la Revolución, el triunfo de mis ideas. Yo pensé que *Fuera del juego*, este libro, marcaba el triunfo de mis posiciones.

Yo me consideraba un intocable típico, como el que existe en los países socialistas, esos escritores que —como ustedes saben— escriben sus libros, los publican clandestinamente fuera de sus países y se convierten en intocables, en hombres que ningún Estado puede tocar. Y yo quería, yo pretendía objetivamente ser un intocable, imponer mis ideas políticas, convertirme en el único escritor con mentalidad política de este país. Y en eso residía mi fatuidad, mi vanidad, mi petulancia literaria, y sobre todo, todo siempre vinculado al extranjero, ¡siempre vinculado al extranjero! Yo hablé con muchos extranjeros además. Por ejemplo con Karol, K. S. Karol, el escritor-periodista polaco-francés. Yo a Karol le hice pomposos análisis de la situación política cubana, le hablé siempre con un sentido derrotista, con un ánimo crítico amargo, contrarrevolucionario, de la Revolución cubana. Y Karol, que era un hombre que quería oír esas cosas, porque Karol es un hombre amargado, es un polaco, hombre exiliado de su país en París; Karol quería oír esas cosas, las oía y las recogió y en su libro Heberto Padilla es el único personaje, uno de los pocos —no digamos que el único—, uno de los pocos personajes revolucionarios y simpáticos.

Y lo mismo ocurrió con el viejo agrónomo francés contrarrevolucionario René Dumont, entusiasmado cuando me recibió, me citó, me llamó, me pidió mis opiniones. Yo arremetí contra la Unión de escritores y artistas de Cuba, contra la revista *Verde Olivo*; yo dije que la revista *Verde Olivo* me había tratado injustamente, siempre con argumentos policiales; yo dije que el escritor en Cuba no significaba absolutamente nada, que no era respetado, que no valía nada, yo ataqué consuetudinariamente a la Revolución. Y no digamos las veces que he sido injusto e ingrato con Fidel, de lo cual realmente nunca me cansaré de arrepentirme. Y sólo el deseo, realmente la vehemencia con que quisiera rectificar esa ingratitud y esa injusticia podría, si no compensar, por lo menos aclarar en algo lo que no era más que una cobardía y una actitud contrarrevolucionaria.

Porque en el año 1969, cuando con motivo de mis posiciones yo estaba sin trabajo, le escribí una carta a Fidel. Casi de inmediato me contestó esa carta. En mi carta yo le planteaba que estaba sin trabajo y que quería trabajar. Casi de inmediato recibí una respuesta de Fidel a través del Rector de la Universidad de La Habana. Me dieron trabajo en la Universidad de La Habana, de acuerdo con mis aptitudes y con mis deseos me dieron trabajo en la Universidad de La Habana.

Pero es que yo no cesé en mis posiciones por ese trabajo. Por ejemplo, ustedes recuerdan mi recital, el título, cómo se llamaba ese recital. Se llamaba *Provocaciones*. Sí el ardid era del texto de Arnold Hauser, pero es que ese texto de Arnold Hauser estaba muy mañosa y cobarde y miserablemente traído por los pelos por mí, porque justamente "Provocaciones" era el título del artículo que había usado *Verde Olivo* para calificar mis actitudes, y era el título que yo daba a mi nuevo libro.

La Unión de escritores fue muy fina, muy gentil conmigo desde el principio. Me invitó desde el principio a venir aquí. Es decir, la Unión de escritores calificó aquel libro de contrarrevolucionario, pero sus actitudes posteriores no tuvieron nada que ver con el libro mismo, que había sido editado, y que había sido calificado, que había sido criticado justamente por ellos. Yo vine aquí a todos sus actos...

Estoy bastante cansado porque es que anoche apenas he dormido. Pero yo quiero continuar porque esto, esto vale la pena, aunque no tenga siempre la coherencia que quisiera y la exactitud que deseara. Además, la garganta la tengo mala. He hablado con amigos, con mis hijos, con Belkis, en fin, perdónenme si no soy todo lo exacto que quisiera. Yo hablé horrores con Dumont y con Karol, que escribieron libelos contra la Revolución.

Con Hans Magnus Enzensberger, el poeta alemán, ensayista, tuve incontables conversaciones que pudieran ser un compendio de todas mis actitudes y todas mis posiciones acres, hostiles a la Revolución.

Hans Magnus Enzensberger, que después publicó un ensayo contra nuestro Partido, me oía, me atendía mucho más de lo que debió atender a otros compañeros que fueron sus amigos. Y yo estoy seguro de que de esas conversaciones con Hans Magnus surgió su ensayo injusto, su ensayo que tiene que ser calificado de mal intencionado.

Enzensberger oyó todas mis críticas, todos mis análisis, que siempre eran derrotistas. Y yo estoy seguro de que contribuí a deformar aún más su visión de nuestra Revolución, que no era muy entusiasta de todas formas.

En todas estas posiciones yo llegué sumamente lejos. Por ejemplo, tan lejos que yo recuerdo que llegué a cuidarme más de los organismos de la Seguridad del Estado que de los enemigos de la Revolución. Porque yo sabía que mis actividades estaban muy claras y eran muy específicas, muy netas para la Seguridad del Estado, cuya función es vigilar y defender a la Revolución.

Por ejemplo, se dio el caso de un sociólogo alemán que llegó a Cuba. Este sociólogo, Kisler, me dijo que era amigo del poeta Enzensberger, que él le había pedido que me visitara. Era raro, sin embargo, que no trajera ninguna carta de Enzensberger, pero de todas formas yo lo vi dos o tres veces antes de que proyectara su salida de Cuba.

Me dijo que él estaba escribiendo, preparando una tesis para su Universidad, sobre los países en desarrollo. Me preguntó sobre la estructura del poder en Cuba, sobre una serie de cuestiones más; y yo inmediatamente le daba mis opiniones, opiniones injustas, opiniones absurdas, opiniones que no tenían sentido, opiniones que en realidad yo no podía fundamentar con argumento alguno, porque yo no era un hombre que podía hacerlo. Pero yo le di mis opiniones a este joven sociólogo alemán que estaba haciendo notas para su tesis de grado.

El me dijo que eran notas, en muchos casos, en muchísimos casos, eran notas críticas de nuestra Revolución. Me dijo que él pretendía regresar al año siguiente. Y desde luego, ¿que hice yo? Yo lo primero que hice fue decirle: bueno, mira, si tú estás haciendo estas notas críticas, ten mucho cuidado no puedan caer en manos de Seguridad del Estado, porque entonces no vas a poder regresar a Cuba". Es decir, estaba alertando a un extranjero a quien no conocía, de quien no tenía referencia alguna, contra un organismo de la Revolución cuya función es velar por la Revolución, velar por la seguridad de la Revolución.

Este joven alemán, que me hablaba con entusiasmo del Che que andaba con una cinta magnetofónica de la entrevista de Ovando cuando la muerte del Che; este joven alemán que me decía que todas las ideas de Ernst Bloch en su libro *El principio esperanza* se encarnaban en la imagen del Comandante Ernesto Guevara; este personaje, compañeros, era nada menos que un agente enemigo —como pude yo saber después en la Seguridad del Estado—. Y yo alertaba a ese agente del enemigo contra un organismo de la Revolución; yo, el poeta crítico, alertando a un enemigo contra un organismo de la Revolución.

De estas actitudes, de estas posiciones, de estas cosas, nunca, nunca me cansaré de arrepentirme mientras viva; nunca podré arrepentirme en realidad. Cuando he visto la cantidad de enemigos que vienen a nuestro país disfrazados de poetas, disfrazados de teatristas, de sociólogos, de fotógrafos, de lo que son posible... ¿Para qué vienen? ¿A ver, a admirar la Revolución? ¡No! No vienen, no todos. Hay muchos que sí vienen, quiero siempre hacer esas excepciones —y toda regla es también la excepción—; pero que vienen a buscar informes contra el enemigo, y justamente lo buscan en las zonas de la cultura, en las zonas fáciles, en las zonas donde es tan fácil encontrar una opinión y un juicio acre, crítico contra la Revolución.

Yo con ese enemigo tuve esas conversaciones y esas actitudes. Pero a mí no me importaba eso: yo daba mis opiniones. A mí lo que me importaba era el extranjero, el libro en el extranjero. Por ejemplo, la editorial Du Seuil me escribió dos cartas y yo astutamente no le respondí. Pero el libro circulaba; el editor, inescrupuloso, colocaba esa banda: "¿Se puede ser poeta en Cuba?", y lanzaba el libro a toda máquina.

Julio Cortázar intervino en lo que el periódico calificó de la defensa—el ataque era el prólogo de la Unión de escritores—. Cortázar en cierto modo trató de impedir que la campaña contra Cuba se desarrollara, pero en esencia me defendió. "Ni traidor, ni mártir" —decía Julio—. Y decía también, reconocía, que mis poemas tenían pesimismo, amargura, que eran el producto de un hombre montado entre dos épocas, etcétera. Pero me defendió. Y en realidad esa defensa a mí me beneficiaba en lo externo y en lo interno. En lo externo, porque mi nombre circulaba en las editoriales extranjeras; en lo interno, porque yo imaginaba que nuestros dirigentes se iban a preocupar por el rango intelectual mío, que me iban a dar la posición que yo quería a mi regreso de Europa.

Yo me sentí muy frustrado, muy despechado, cuando pasaron los meses y ese escándalo no tuvo ninguna consecuencia beneficiosa para mi persona. Fue cuando escribí la carta a Fidel, cuando me dieron el trabajo en la Universidad.

Pero es que este trabajo en la Universidad lo que hizo fue reafirmarme en estas posiciones negativas mías. Yo imaginé que justamente me iban a respetar, que yo era un intelectual que tenía un gran rango, que yo era un espíritu de habilidad política, de gran perspicacia. Estas fueron mis torpezas, y en realidad esto es el centro de mis errores: el deslumbramiento por las grandes capitales, por la difusión internacional, por las culturas foráneas; este es el punto de partida de todos mis errores; errores de los que yo quiero hablar, de los que me gustaría hablar y hablar y hablar, como todo hombre que quiere liberarse de un pasado que le pesa.

Yo sé que hay muchos suspicaces —lo sé— que piensan, y piensan de un modo especial, singular, de un modo característico de ciertas zonas, de esta autocrítica hondamente sentida. Y yo me digo que peor para ellos si no comprenden el valor moral que puede tener mi conducta, que puede tener una autocrítica; peor para ellos, para esos suspicaces, si no entienden, sino son capaces de comprender lo que significa que a un hombre que ha cometido errores se le permita la oportunidad de confesarlos, de explicarlos delante de sus compañeros y de sus amigos; peor para ellos, para esos suspicaces, si no creen en lo que yo estoy diciendo; peor para ellos. Porque yo conozco, como muchos de ustedes, escritores revolucionarios que están aquí presente, y que han tenido que dar ese salto de fuego de las propias características tan negativas que constituyen ese ángulo enfermizo de la personalidad creadora. Si no comprenden, peor para ellos. Si no comprenden este valor de poderse liberar uno de esos errores. Porque yo conozco, como decía, lo que son las zonas de la cultura, zonas siempre descreídas en su mayoría.

Y yo que he cometido todos estos errores, yo que le realizado todas esas actividades con cubanos y extranjeros, contra la Revolución, que he dañado, yo tenía necesidad de hablar con mis compañeros, amigos, escritores que están aquí presentes. Yo agradezco sinceramente a la Revolución, no sólo de ningún modo que esté en libertad, sino que me permitan la oportunidad de decir esto.

Pero sinceramente yo quiero decir algo más. Yo no he venido aquí simplemente a argumentar mis errores, a hacer un recuento de todas mis actitudes bochornosas. Porque estas cosas podrían tener un relativo valor. Porque yo temo, sinceramente, que mi experiencia, que todas las cosas que yo he sufrido y toda la vergüenza y el bochorno que he sentido durante estos días, no sean suficiente para que cada uno de mis amigos escritores las sienta, las experimente como las he sentido yo.

Porque yo temo que mañana o pasado mañana, o la semana que viene, o en algún momento determinado se me acerque un amigo escritor y me diga que esta autocrítica no se corresponde con mi temperamento, que esta autocrítica no es sincera. Sin embargo, yo estoy convencido de que muchos de los que yo veo aquí delante de mí mientras yo he estado hablando durante todo este tiempo, se han sentido consternados de cuánto se parecen sus actitudes a mis actitudes, de cuánto se parece mi vida, la vida que he llevado, a la vida que ellos llevan, han venido llevando durante todo este tiempo, de cuánto se parecen mis defectos a los suyos, mis opiniones a las suyas, mis bochornos a los suyos. Yo estoy seguro de que ellos estarán muy preocupados, de que estuvieron muy preocupados, además, por mi destino durante todo este tiempo, de qué ocurriría conmigo. Y de que al oír estas palabras ahora dichas por mí pensarán que con igual razón la Revolución los hubiera podido detener a ellos. Porque la Revolución no podía seguir tolerando una situación de conspiración venenosa de todos los grupitos de desafectos de las zonas intelectuales y artísticas.

Y yo eso lo he comprendido muy claramente en mis discusiones en Seguridad. Porque la correlación de fuerzas de la América Latina no puede tolerar que un frente, como es el frente de la cultura, sea un frente débil; no podía seguir tolerando esto. Y si no ha habido más detenciones hasta ahora, si no las ha habido, es por la generosidad de nuestra Revolución. Y si yo estoy aquí libre ahora, si no he sido condenado, si no he sido puesto a disposición de los tribunales militares, es por esa misma generosidad de nuestra Revolución. Porque razones había, razones sobradas había para ponerme a disposición de la Revolución.

A mí no me importan, además, los leguleyismos de ningún tipo, porque para mí lo más importante es la ética de la Revolución. Y no se podía vivir una vida doble, una vida en la duplicidad en que yo la vivía. Y si lo que yo amo es ser un crítico de la Revolución, tengo que serlo en los momentos en que la Revolución quiere que yo sea un crítico que la beneficie, no un crítico que la traicione, no un crítico que la obstaculice, no un crítico que la denigre y la infame, como lo hacía yo, compañeros; tengo que decirlo claramente.

Y si digo esto delante de ustedes es porque veo en muchos de los compañeros que están aquí, cuyas caras están aquí, errores muy similares a errores de los que yo cometí. Y si estos compañeros no llegaron al grado de deterioro moral, de deterioro moral a que yo llegué, eso no los exime de ningún modo de ninguna culpa. Quizás entre sus papeles, entre sus poemas, entre sus cuentecitos existen páginas tan bochornosas como muchas de las páginas que felizmente nunca se publicarán y que estaban entre mis papeles. Como esa novela —ni el nombre voy a decir ahora—, esa novela cuyos fragmentos he repensado en Seguridad del Estado; esa novela cuyo personaje principal era un desafecto que apostrofaba continuamente contra la Revolución, continamente contra la Revolución. Y era una novelita sutil, en que se manejaba una serie de elementos para que todo el mundo estuviera complacido; una novelita que afortunadamente no se publicará nunca. Además, porque yo he roto y romperé cada uno de los pedacitos que pueda encontrarme algún día, delante de mis zapatos, de esa novela, que es un bochorno. No sólo en lo político —se los digo con sinceridad—, no sólo en lo político, sino en lo moral.

Porque esa novela expresaba mis defectos de carácter, mis máculas, expresaba mis problemas, incluso sicológicos, problemas gravísimos además que yo he descubierto en mi soledad en Seguridad del Estado. Esa novela que escribí a saltos, como eran a saltos los momentos de mi desafecto y de mi tristeza y de mi escepticismo. Esa novela que pretendía yo publicar, incluso le escribí a Barral, el editor español, una carta con Julio Cortázar, donde le decía que no era conveniente que esa novela se publicase por el momento —en realidad, la novela no estaba terminada—. Y yo le anunciaba, siempre prometía libros a los editores extranjeros que no habían sido terminados, porque yo estaba tan mal, además, tan enfermo, tan feamente triste, tan corrosivamente contrarrevolucionario que no podía ni escribir. Se los digo con sinceridad. Y me comprometía con esos editores extranjeros porque mi importancia quería que se fundase en las editoriales extranjeros. Y le prometía a Barral, le explicaba la novela que no podía terminar. Le prometía esa novela, porque yo había hablado de esto con José Agustín Goytisolo y él inmediatamente se lo comunicó a Carlos, y Carlos me mandó muchas cartas. También se la propuse a un editor inglés, André Deutsch. Porque lo que me interesaba, sinceramente, era el extranjero. Era publicar fuera, si aquí no me reconocían, ganar la batalla afuera. Imponer mis ideas de cualquier manera.

Así me fui enfrentando a la Revolución; así fui acumulando todo ese montón de hostilidad que he tenido oportunidad en estos días de repasar, ¡uno por uno!

He oído esta mañana, cuando hablaba con un amigo con sinceridad sobre este tema, he oído decir: no, pero ésas eran tus opiniones personales... ¡Qué me importan a mí las opiniones personales o públicas! Eran mis convicciones, ¡mis convicciones!, que es en lo que se está, como ha dicho un viejo filósofo, que era Ortega. En las convicciones se está, decía el viejo, y de las creencias se puede vivir y se puede respirar.

Y aquellas eran mis convicciones. ¿Y qué me importa a mí que esas fueran mis opiniones privadas si eran mis opiniones, ¿y cómo esas opiniones no iban a expresar mi ética? ¿Y qué otro modo tiene de ser revolucionario un escritor sino haciendo que sus opiniones privadas coincidan con sus opiniones públicas?

Y esa era mi vida de que yo me iba nutriendo. Esa era la novela, como me avergüenzo del libro de poemas. Ya yo escribí algunos poemas nuevos en Seguridad del Estado; hasta sobre la primavera he escrito un poema. ¡Cosa increíble, sobre la primavera! Porque era linda, la sentía sonar afuera. Nunca había visto yo la primavera, porque era algo con que no contaba. Estaba ahí inmediata, escribí sobre la primavera. Escribí cosas lindas en medio de mi angustia y de mi tristeza. Porque la angustia moral tiene características muy extrañas, y porque yo sentía que aquella cárcel, aquella cárcel que yo estaba sufriendo, era una cosa de las más singulares que yo he vivido en mi vida. Porque yo sentía que aquella cárcel no era un blasón que se podía ostentar como un sacrificio contra una tiranía, sino precisamente una cárcel moral, justa, porque sancionaba un mal contra la Revolución y contra la Patria. Y escribía esos poemas febrilmente. Escribía esos poemas, era una suerte de catarsis desesperada.

Esta experiencia ustedes tienen que vivirla, yo no quiero que ustedes la vivan, además por eso estoy aquí. Pero hay que vivirla, vivirla para sentirla, para poder valorarla, para poder entender lo que yo estoy diciendo. Y si hablo esta noche aquí delante de ustedes, como decía antes, es porque sé que en muchos de ustedes hay actitudes, sinceramente, como las que había en mí. Y porque sé que muchos de ustedes, en quienes, he pensado sinceramente en estos días, iban en camino de la propia destrucción moral, y física casi, a que yo iba. Y porque yo quiero impedir que esa destrucción se lleve a cabo. Y voy a lograrlo, porque quiero lograrlo, porque tengo que lograrlo. Porque si algún valor puede tener mi experiencia es ésa, compañeros.

Porque ustedes no pueden venir aquí a oír la enumeración tristísima y conmovedora de un hombre que se arrepiente. Ustedes tienen que encontrar aquí la comprobación, la identificación de sus propios defectos. Ustedes saben que yo he dicho mi verdad, y yo podría decir las verdades de muchos de los que están aquí presentes. Yo estoy seguro de que si yo me levantara aquí ahora y yo señalara los nombres de muchos de los compañeros que iban camino de esa misma situación, esos compañeros serían incapaces de contradecirme, porque esos compañeros saben que estoy diciendo la verdad; porque no sería ni revolucionario de su parte —si es que no han sido detenidos ni lo serán, y porque lo mismo se deben sentir más revolucionarios que yo que lo fui— el desmentirse aquí.

Porque si yo mencionara, por ejemplo, ahora, a mi propia mujer, Belkis, que tanto ha sufrido con todo esto, y le dijese, como le podría decir, cuánto grado de amargura, de desafecto y de resentimiento ella ha acumulado inexplicablemente durante estos años, en que yo también por una serie de defectos de mi carácter la he hecho sufrir, ella sería incapaz de ponerse de pie y de desmentirme. Porque ella sabe que yo estoy diciendo la verdad.

Y lo mismo podría decir de un amigo entrañable, de un amigo que tanto calor de hogar me ha prestado en los últimos tiempos, de un amigo que tantas cosas positivas ha hecho por nuestra Revolución en otros momentos, pero que últimamente se ha mostrado amargado, desafecto, enfermo y triste y por lo mismo contrarrevolucionario, como es Pablo Armando Fernández. Y yo sé que Pablo Armando, que está aquí, sería incapaz de levantarse y desmentirme, porque Pablo sabe que muchas veces hemos hablado de estos temas y Pablo se ha mostrado muy triste en relación con la Revolución. Y yo no admitiría, no podría admitirlo, no comprendería que fuera honesto de su parte el que Pablo se parase aquí y me dijese que hay justificaciones para su actitud.

Y lo mismo, compañeros, podría decir de otro querido amigo como es César López, a quien yo admiro y respeto, que escribió un hermosísimo libro, querídisimo y respetadísimo, que tuvo una mención en la Casa de las Américas, como es *El primer libro de la ciudad*. Pero es que César López ha hecho conmigo análisis derrotistas, análisis negativos de nuestra Revolución. Además, César López ha llevado a la poesía también esa épica de la derrota. Ha hecho en su último libro una épica de la derrota, de una serie de etapas que la Revolución en su madurez revolucionaria ha sido la primera en superar. César ha retenido los momentos desagradables y los ha puesto en su libro; libro que ha enviado a España antes de que se publicase en Cuba, como es lo correcto, como debe ser la moral de nuestros escritores revolucionarios: publicar antes en nuestra patria y después mandar afuera. Porque es que hay muchos intereses, y en esos intereses intervienen muchos matices no siempre positivos. Y César mandó su libro fuera. Yo mismo hice una nota a José Agustín Goytisolo sobre ese libro. Y yo sé que César, estoy convencido, convencidísimo, de que César López es un compañero honrado, honesto, que sabe que hay que rectificar esa conducta. Estoy convencido que César...

144

¡qué va a pararse César López a contradecirme! César López se pararía en este momento, se pondría de pie para decirme que tengo la razón. Lo mismo que digo de César lo puedo decir de muchos amigos en quienes pensaba, en quienes pensaba, compañeros, porque tuve muchos días, muchísimos, porque los días son largos en un mes. Muchos días para pensar, compañeros. Lo mismo pensaba no sólo en César, pensaba en los más jóvenes, en aquellos escritores que tenían doce o trece años cuando llega la Revolución; escritores jóvenes a quienes la Revolución se lo ha dado todo.

Por ejemplo, yo pensaba —y voy a decir aquí su nombre, porque le tengo un gran cariño y porque sé que sería incapaz tampoco de contradecirme—, yo pensaba en cuánto se diferencia la poesía de José Yanes, que nosotros conocemos, de hace dos años, del último José Yanes que todos hemos oído en los últimos poemas, de cuánto se diferencia. Porque Yanes, el poeta que escribió aquel poema a su madre porque se había ido de Cuba a los Estados Unidos, y era un poema lleno de desgarramiento, pues José Yanes reaparecía con una poesía indigna de su edad y de su época, una poesía derrotista, una poesía parecida a la de César también, parecida a la mía, por la misma línea enferma, por la misma línea en que quieren convertir en desgarramiento de lo histórico lo que no es más que un desafecto, compañeros, porque primero hay que hacer la historia y después escribir su comentario.

Yo pensaba en Yanes y yo sabía, yo estaba convencido... Porque yo decía: qué lástima no poder ir ahora, no poder hablar con Yanes, no poder decirle: ¿tú no te das cuenta, Yanes? ¿Tú no comprendes que la Revolución a ti te lo ha dado todo? ¿Tú no te das cuenta de que esa poesía no te corresponde, que esa poesía es de un viejo viejísimo? Porque hay viejos con años juveniles —como decía Marinello hablando de Enrique González Martínez en sus ochenta años juveniles. No se daba cuenta, no se daba cuenta Yanes, ese muchacho formidable, inteligente, sensible, que estaba escribiendo una poesía que no se correspondía con él, el joven pobre que había vivido en el barrio de Pocitos, el joven que tiene un dignísimo empleo en *La Gaceta de Cuba*, a quien la Revolución le ha proporcionado los bienes materiales que tiene —que los tiene—, que tiene un empleo, que escribe, que hace su literatura, que tiene una esposa formidable, inteligente, una doctora en medicina que puede ayudarle a rectificar. Yo me preguntaba: ¿No se da cuenta? Y yo decía: ¡Sí, sí! ¡Sí se va dar cuenta! ¡Sí, yo quiero hablar! Yo pedía a la Revolución que me dejara hablar; yo necesitaba hablar, yo necesitaba que mi experiencia fuera más allá de mi persona, que esto fuese compartido por aquellos que iban camino de mi propio camino, que buscaban objetivos iguales a los míos, que querían beneficiarse de la Revolución para obtener notoriedad.

Y pensaba en otro joven, en un joven de un talento excepcional, un joven al que quiero mucho y que siempre me ha profesado afecto, que me ha dicho que me tiene afecto y que me admira; en un joven que ha tenido las oportunidades que muy pocos jóvenes de su edad tuvieron; en un joven que conoció de cerca, que tocó de cerca uno de los momentos más serios y más profundos y más ejemplares de nuestra Revolución: la lucha contra bandidos. Yo pensaba en Norberto, en Norberto Fuentes, que acabo de ver hace un momento, no lo había podido ver antes; lo llamé a su casa, pero sonaba el timbre y no respondía nadie.

Y yo pensaba en Norberto, pensaba mucho en Norberto. ¿Y saben por qué? Yo pensaba en Norberto porque Norberto tuvo una experiencia intelectual y política extraordinaria. Era muy joven en el año 1962 o 1961, sumamente joven. Porque Norberto había hablado conmigo de esa experiencia, con pasión de esa experiencia; y porque yo sentía, recordaba yo allí donde estaba, en Seguridad, cuánta diferencia había entre los cuentos apasionados y llenos de cariño de Norberto por los combatientes revolucionarios, cuánta diferencia había con sus actitudes personales, con las opiniones que él y yo habíamos compartido tanto; él, que había vivido tan estrechamente unido a la Seguridad del Estado; él, en quien la Seguridad del Estado había depositado una confianza absoluta, a quien el organismo de la Seguridad del Estado le había puesto archivos para que hiciese la épica de aquellos soldados que habían combatido las bandas de mercenarios que habían asesinado alfabetizadores y familias enteras de campesinos.

Y decía: no es justo, por ejemplo; no es justo, no puede ser justo, que Norberto y yo coincidamos tan amargamente en la práctica diaria de la Revolución, cuando él tiene esta experiencia extraordinaria que yo no he tenido.

Y yo decía: si yo pudiera ir y ver ahora, en este momento, a Norberto; si yo pudiera hablarle. Y este era justamente el motor de mi interés, el interés máximo, la insistencia constante en que se me diera esta oportunidad de hablar con mis amigos escritores, de ver estos jóvenes, pensando en gente del valor extraordinario de Norberto, en un hombre que podía poner justamente su estilo conciso, breve, apto para una épica extraordinaria al servicio de nuestra Revolución; en un joven como este que pensaba, sin embargo, que no sé, la Revolución había construido una suerte de maquinaria especial contra él, contra nosotros, para devorarnos, que hablamos tantas veces de esto. Y yo recuerdo que justamente estuvimos un día antes de mi detención juntos, hablando siempre sobre temas en que la Seguridad aparecía como gente que nos iba a devorar.

Ah, yo sé perfectamente que Norberto Fuentes se para aquí y sería más feroz que yo en su crítica de esas posiciones, y que sería mucho más brillante en definir las mías, y que sería mucho más lúcido en compartir hoy conmigo la esperanza y el entusiasmo —como lo fuimos ayer en compartir el pesimismo, el derrotismo y el espíritu enemigo de la Revolución—. Y yo sé además que él puede darle a nuestra literatura páginas hermosísimas, y yo sé que él no me va a desmentir de ninguna manera; porque no podría hacerlo, no sería honrado, no sería Revolucionario de su parte; él no podría encontrar las justificaciones que muchas veces nos dimos mutuamente de que si no se discutía con nosotros. No, no, eso es injustificable. Nosotros no podemos de ningún modo justificarnos diciendo que el Comité Central nos tiene que llamar para discutir a nosotros. Si somos revolucionarios y lo sentimos, tenemos que estar ahí, al pie de nuestras responsabilidades. Y él ha hecho muchos servicios utilísimos al periodismo nacional y ha dado páginas hermosísimas además a la literatura cubana, y le va a seguir dando esas páginas hermosas. Y si antes se inspiró en un escritor ruso como era Babel, yo sé que en el futuro se inspirará más en la vida; y en vez de vivir otra historia, como me decía —no me decía, pero yo sabía, sentía que me decía— Norberto en algún momento, en vez de haber vivido otra historia va a vivir su historia, en vez de vivir a Babel va a vivir su experiencia.

Porque hemos hablado de su última novela, que no prospera, novela en la cual siente inquietud él, novela en la que dice que todavía no acaba de encontrar su forma. Y yo me decía: ¿Y no será esto una exigencia moral, una forma o réplica profunda de su organismo que le dice que no sé, que de algún modo tiene que replantearse los problemas? Y me decía: ¡sí!

Compañeros, la revolución no podía, no podía tolerar esta situación; yo lo comprendo. Yo he discutido, he hablado días y días, he argumentado con todas las argucias de la palabrería; pero ese cúmulo de mis errores tiene que tener un valor, tiene que tenerlo, tiene que tener un valor ejemplarizante para cada uno de nosotros.

Yo, por ejemplo, pensaba, recordaba a Manuel Díaz Martínez, y yo decía: cuando muchos jóvenes eran políticamente indiferentes, Manuel Díaz Martínez era un militante convencido y radical. Yo decía: ¿cómo es posible que Manuel Díaz Martínez, a quien tanto admiro, a quien tanta amistad debo, a quien tantas muestras de solidaridad tengo que agradecer, cómo es posible que Díaz Martínez se dé a este tipo de actitud desafecta, triste, amargada? Yo sé que esta experiencia mía, compañeros, va a servir de ejemplo, tiene que servir de ejemplo a todos los demás. Yo sé, por ejemplo... No sé si está aquí, pero me atrevo aquí a mencionar su nombre con todo el respeto que merece su obra, con todo el respeto que merece su conducta en tantos planos, con todo el respeto que me merece su persona; yo sé que puedo mencionar a José Lezama Lima. Lo puedo mencionar por una simple razón: la Revolución Cubana ha sido justa con Lezama, la Revolución Cubana le ha editado a Lezama este año dos libros hermosísimamente impresos.

Pero los juicios de Lezama no han sido siempre justos con la Revolución Cubana. Y todos estos juicios, compañeros, todas estas actitudes y estas actividades a que yo me refiero, son muy conocidas, y además muy conocidas en todos los sitios, y además muy conocidas en Seguridad del Estado. Yo no estoy dando noticias aquí a nadie, y mucho menos a Seguridad del Estado; esas actitudes las conoce la Seguridad del Estado, esas opiniones dichas entre cubanos y extranjeros, opiniones que van más allá de la opinión en sí, opiniones que constituyen todo un punto de vista que instrumenta análisis de libros que después difaman a la Revolución sobre la base de apoyarse en juicios de escritores connotados.

Y yo me decía: Lezama no es justo y no ha sido justo, en mis conversaciones con él, en conversaciones que ha tenido delante de mí con otros escritores extranjeros, no ha sido justo con la Revolución. Ahora, yo estoy convencido de que Lezama sería capaz de venir aquí a decirlo, a reconocerlo; estoy convencido, porque Lezama es un hombre de una honestidad extraordinaria, de una capacidad de rectificación sin medida. Y Lezama sería capaz de venir aquí y decirlo, y decir: sí, chico, tú tienes razón; y la única justificación posible es la rectificación de nuestra conducta.

Porque, ¿cómo se puede explicar que una Revolución cuyos principios sean el marxismo-leninismo, cómo se puede explicar sino por la amplitud de criterios, por la comprensión extraordinaria que esa Revolución tiene, que publique justamente una obra como la de Lezama, que se apoya en otras concepciones políticas, filosóficas, en otros intereses?

Yo pensaba en todos estos compañeros. Y además, pensaba mucho allí, mucho, en Seguridad, en esa celda, en esa celda que no era una celda precisamente sombría donde los soldados apenas respondían lacónicamente a nuestras preocupaciones, a nuestras llamadas —como me había dicho el compañero Buzzi a quien no veo por aquí, no veo por aquí. ¿Está aquí? Ah, sí, allí está el compañero Buzzi. Y digo esto, y hablo de Buzzi, que si no me quiero referir a sus actitudes es porque Buzzi ha tenido su dolor, y yo no quiero ni agregar aquí ningún dolor al que ya tuvo, y porque sé que él estaba preocupado mientras yo hablaba de que fuese a mencionar su nombre; porque Buzzi es uno de los hombres que más me ha visitado en los últimos tiempos, y es uno de los hombres que cumplió su condena muy bien, es uno de los hombres que estuvo en la Seguridad del Estado. Y yo no vi aquella atmósfera que él me decía. Yo vi compañeros, yo vi soldados cubanos, de nuestro pueblo, cumpliendo cabalmente con su responsabilidad, con un afecto, con un sentido de humanidad, con una constancia en su preocupación por cada uno de nosotros, que era una sanción constante a mi callada previa, anterior y constante.

Y yo me decía: ¡qué cosa más increíble! Si yo le dijera esto a Buzzi, yo estoy seguro que Buzzi sería el hombre que primero sacaría provecho, el que más urgentemente se pondría a rectificar con mi experiencia; porque Buzzi, meses después de que cumpliera su sanción, obtuvo una mención en La Casa de las Américas —cosa que no impidió la Revolución—, y además de obtener la mención fue publicada su novela, con críticas muy positivas de escritores revolucionarios y de escritores extranjeros, en las Ediciones Unión. Y además, la Revolución no impidió que Buzzi fuera Premio Nacional de Novela, y además no impidió tampoco la Seguridad del Estado que fuese a la Unión Soviética.

Y yo sé que él; yo sé, no estoy más que convencido de que la actitud de Buzzi en este momento es la de César, es la que vi que fue la de Norberto, es la que sé que es de Pablo Armando, es la de Belkis, es la de Lezama, es la de Manuel Díaz Martínez: es la convicción de que no podemos seguir por este camino y de que tenemos que rectificar esta conducta.

Porque, compañeros, yo tengo que ser sincero para terminar esto. Yo tengo que decirles que yo llegué a la conclusión, pensando en el sector de nuestra cultura, que si hay —salvo excepciones, como siempre— un sector políticamente a la zaga de la Revolución, políticamente a remolque de la Revolución, es el sector de la cultura y del arte. Nosotros no hemos estado a la altura de esta Revolución, a pesar de estos años, de estos trece o doce años tensos que hemos vivido.

Pensemos por un momento en las tareas que ha realizado nuestra Revolución, en las tareas que todos los sectores de nuestro país han venido realizando. Por ejemplo: las zafras del pueblo. ¿A cuántas zafras, a cuántas ha asistido un número significativo de escritores? ¿A cuántas? ¡A ninguna!

Se me dirá que el año pasado nos fuimos a la Zafra de los Diez Millones. Y responderé que sí, que fuimos. ¿Muchos? ¡No! Un número reducidísimo de escritores. Además, ¿en qué condiciones fuimos? Fue un plan de la COR nacional y de la Unión de escritores y artistas de Cuba. ¿Qué se nos exigía? Convivir con nuestros campesinos y con nuestros trabajadores. No estábamos obligados ni a trabajar, ni a cortar caña, ni a escribir una línea; no estábamos obligados a nada, era un problema de conciencia personal. Tanto fue así, que regresaron muchos y nadie les ha pedido explicaciones de aquello.

Y yo diría que ese fue uno de los esfuerzos más generosos que la Revolución ha realizado para acercar a nuestros escritores a la realidad viva de nuestro pueblo. Y diré, sin embargo, que fue la respuesta más triste que nuestros escritores dieron a esa generosa iniciativa. ¿Cuántos escritores fueron? Poquísimos. ¿Cuántos resistieron, estuvieron hasta el final de una zafra en la que no tenían que cortar caña ni escribir? ¿Cuántos se preocuparon por vivir las experiencias de nuestro pueblo? Ninguno, muy pocos, ¡muy pocos! Los más regresaron a los quince días, ninguno estuvo hasta el final, ¡ninguno!

Esa es la experiencia que hemos dado.

Por ejemplo, aquí está la administración de la Unión de escritores, el compañero secretario del Sindicato. Saben cuántas dificultades supone movilizar a nuestros escritores para el trabajo voluntario. Y cuando asisten, es siempre el grupo más esforzado, el grupo reducidísimo, el grupo de siempre, el grupo más sacrificado, el grupo de esas excepciones que se pueden contar con los dedos de la mano, que sirven justamente para ilustrar las excepciones; porque no sirven, no pueden servir, por su cuantía, para darle una categoría especial de una brigada millonaria a ninguna de las tareas que realizamos.

Esa es la situación que confrontamos.

Sin embargo, para exigir, para chismear, para protestar, para criticar, los primeros somos la mayoría de los escritores. Y es que, si nosotros nos analizamos sinceramente, si nos analizamos profundamente, si nosotros nos vemos como somos, veremos que las características fundamentales que nos definen son las del egoísmo, las de la suficiencia, las de la petulancia, las de la fatuidad que me definían a mí, que definen a la mayoría de los escritores, y por eso nos hace coincidir ideológicamente siempre, y muy poco en el sentimiento de la unidad y del trabajo común, solidarios en el pesimismo, en el desencanto, en el derrotismo, es decir, en la contrarrevolución. ¿Y unidos en qué? En el escepticismo, en la desunión, en el desamor, en el desafecto.

Yo nunca me cansaré de agradecer a la Revolución Cubana la oportunidad que me ha brindado de dividir mi vida en dos: el que fui y el que seré. La Revolución ha sido generosísima conmigo. La Revolución me ha señalado ya un trabajo, compañeros; un trabajo justamente adecuado a mis aptitudes, a mis deseos. No sólo me ha dado la libertad: me ha dado un trabajo.

Son increíbles los diálogos que yo he tenido con los compañeros con quienes he discutido ¡Qué discutido! Esa no es la palabra. Con quienes he conversado. Quienes ni siquiera me han interrogado, porque esa ha sido una larga e inteligente y brillante y fabulosa forma de persuasión inteligente, política, conmigo. Me han hecho ver claramente cada uno de mis errores. Y por eso yo he visto cómo la Seguridad no era el organismo férreo, el organismo cerrado que mi febril imaginación muchas veces, muchísimas veces imaginó, y muchísimas veces infamó; sino un grupo de compañeros esforzadísimos, que trabajan día y noche para asegurar momentos como este, para asegurar generosidades como esta, comprensiones injustificables casi como esta: que a un hombre que como yo ha combatido a la Revolución, se le dé la oportunidad de que rectifique radicalmente su vida, como quiero rectificarla.

Y si no me cree el que no me crea, peor para él. ¡Qué ni me vea mañana! Porque este hombre no será el de ayer. Porque, compañeros, vivimos y habitamos —perdónenme este tono— ¡vivimos y habitamos una trinchera en la América Latina! ¡Vivimos y habitamos una trinchera gloriosa en el mundo contemporáneo! ¡Vivimos, habitamos una trinchera contra la penetración imperialista de nuestros pueblos en la América Latina!

Y yo quiero, necesito que, como yo, todo el mundo, todos aquellos que como yo no han estado a la altura del proceso revolucionario, rectifiquen y se sientan vivir a la altura de la responsabilidad de habitar y de vivir esa trinchera: una trinchera asediada de enemigos por todas partes, que quieren ir justamente a las zonas políticamente menos desarrolladas, como son las zonas intelectuales, las zonas de la inteligencia—como se dice generalmente, que yo veo muy imprecisa en su definición—; a las zonas precisamente de que se pueda nutrir, porque son zonas escépticas y descreídas, la contrarrevolución.

Vivimos una trinchera, y yo quiero que nadie más sienta la vergüenza que yo he sentido, la tristeza infinita que yo he sentido en todos estos días de reflexión constante de mis errores. No quiero que se repitan nunca más estos errores. No quiero que la Revolución tenga nunca más que llamarnos a capítulo. ¡No lo quiero! ¡No puede ser posible! No puede ser posible, sinceramente, que la Revolución tenga que ser constantemente generosa con gente cuya obligación, por sus conocimientos intelectuales, porque no somos simples ciudadanos, sino gente que sabemos hacer análisis muy claros por muy despolitizados que seamos... Que sea generosa otra vez, que se haga esto un vicio de generosidad intolerable en un proceso que ya lleva tantos años.

¡Seamos soldados! Esa frase que se dice tan comúnmente, ese lugar común que quisiéramos borrar cada vez que escribimos, ¿no? Que seamos soldados de la Revolución, porque los hay. Porque yo los he visto. Esos soldados esforzados, extraordinarios en su tarea, todos los días. ¡Que seamos soldados de nuestra Revolución, y que ocupemos el sitio que la Revolución nos pida!

Y pensemos, aprendamos la verdad de lo que significa habitar, vivir en una trinchera extraordinaria y ejemplar del mundo contemporáneo. Porque, compañeros, vivir y habitar una trinchera asediada de toda clase de enemigos arteros, no es fácil ni es cómodo, sino difícil. Pero ese es el precio de la libertad, ese es el precio de la soberanía, ese es el precio de la independencia, ¡ese es el precio de la Revolución!

¡Patria o muerte! ¡Venceremos!

# DISCURSO DE FIDEL CASTRO[10]

**(Fragmento)**

Pues aunque se hayan puesto al servicio de la educación grandes recursos, todavía no veíamos con suficiente claridad, todavía no acabábamos de ver con suficiente claridad cómo aún quedaban recursos potenciales para apoyar la actividad de la educación; recursos que la Revolución tiene en sus manos y que, aunque han trabajado en ese sentido, pueden todavía aportar mucho más a la educación.

Tenemos, desde luego, a las organizaciones de masas identificadas absolutamente con la tarea de los educadores. Pero además tenemos otros recursos técnicos, tenemos esos medios masivos de comunicación, tenemos esos recursos que se han señalado.

Tenemos el Instituto del Libro, por ejemplo. Es cierto que se ha hecho un esfuerzo de impresión grande. Es cierto que se han triplicado, cuadruplicado los libros impresos. Es cierto que, incluso, si vamos a atender el 100% de las necesidades, todas esas imprentas y todas esas capacidades son todavía limitadas, aun incluyendo la nueva imprenta que nos facilitaron los amigos de la República Democrática Alemana y que está a punto de entrar en producción.

Pero hay que tener un criterio preciso acerca de las prioridades de nuestro Instituto del Libro. Y ese criterio se puede resumir con estas palabras: en los libros que se impriman en el Instituto del Libro, la primera prioridad la deben tener los libros para la educación, la segunda prioridad la deben tener los libros para la educación, ¡y la tercera prioridad la deben tener los libros para la educación! Eso está más que claro.

A veces se han impreso determinados libros. El número no importa. Por cuestión de principios hay algunos libros de los cuales no se debe publicar ni un ejemplar, ni un capítulo, ni una página, ¡ni una letra!

Claro está que tenemos que tener en cuenta el aprendizaje, nuestro aprendizaje. Claro está que en el transcurso de estos años hemos ido cada día

---

[10] Discurso de Clausura del Primer Congreso Nacional de Educación y Cultura (30 de abril de 1971). Texto tomado de la revista **Casa de las Américas**, Año IX, No. 65-66 (mayo-junio 1971), pp. 21-33 (*El Caso Padilla: Literatura y Revolución en Cuba*, Lourdes Casal.).

conociendo mejor el mundo y sus personajes. Algunos de esos personajes fueron retratados aquí con nítidos y subidos colores. Como aquellos que hasta trataron de presentarse como simpatizantes de la Revolución, ¡entre los cuales había cada pájaro de cuenta! Pero que ya conocemos, y nuestra experiencia servirá para los demás, y servirá para los países latinoamericanos, y servirá para los países asiáticos y los países africanos.

Hemos descubierto esa otra forma sutil de colonización que muchas veces subsiste y pretende subsistir al imperialismo económico, al colonialismo, y es el imperialismo cultural, el colonialismo político, mal que hemos descubierto ampliamente. Que tuvo aquí algunas manifestaciones, que no vale la pena ni detenerse a hablar de eso. Creemos que el Congreso y sus acuerdos son más que suficientes para aplastar como con una catapulta esas corrientes.

Porque en definitiva, en Europa, si usted lee un periódico burgués liberal de Europa, y en Europa, para ellos los problemas de este país, no, no son los problemas de un país a noventa millas de los Estados Unidos, amenazado por los aviones, las escuadras, los millones de soldados del imperialismo, sus armas químicas, bacteriológicas, convencionales y de todo tipo. No es el país librando una épica batalla contra ese imperio que nos quiere hundir y bloquear por todas partes, ¡no! No son estos problemas que nos plantean las condiciones de un país subdesarrollado, que tiene que librar su sustento en condiciones difíciles. No son los problemas de los más de dos millones de niños y jóvenes o de estudiantes que tenemos que atender, llevarles libros, materiales, lápices, ropa, zapatos, muebles, pupitres, pizarras, medios audiovisuales, tizas, alimentos en muchas ocasiones —puesto que tenemos medio millón aproximadamente que comen en las escuelas—, aulas, edificaciones, ropa, zapatos. ¡No! Para esos señores que viven aquel mundo tan irreal estos no son problemas, esto no existe.

Hay que estar locos de remate, adormecidos hasta el infinito, marginados de la realidad del mundo, para creer que estos no son nuestros problemas, para ignorar estos reales problemas que tenemos nosotros, que van desde el libro de texto, el medio audiovisual, el programa, la articulación de los programas, los métodos de enseñanza, los niveles, las preparaciones, etcétera, etcétera, etcétera. Y creen que los problemas de este país pueden ser los problemas de dos o tres ovejas descarriadas, que puedan tener algunos problemas con la Revolución porque "no les dan el derecho" a seguir sembrando el veneno, la insidia y la intriga en la Revolución.

Por eso, cuando trabajábamos en estos días en el Congreso, algunos decían que seguramente a eso me iba a referir yo esta noche. Pero, ¿por qué? ¿Por qué tengo que referirme a esas basuras? ¿Por qué tenemos que elevar a la categoría de problemas de este país problemas que no son problemas para este país? ¿Por qué, señores liberales burgueses? ¿Acaso no sienten y no palpan lo que opina y lo que expresa la masa de millones de trabajadores y campesinos, de millones de estudiantes, de millones de familias, de millones de profesores y maestros, que saben de sobra cuáles son sus verdaderos y fundamentales problemas?

Algunas cuestiones relacionadas con chismografía intelectual no han aparecido en nuestros periódicos. Entonces: "¡Qué problema, qué crisis, qué misterio, que no aparecen en los periódicos!" Es que, señores liberales burgueses, estas cuestiones son demasiado intrascendentes, demasiado basura para que ocupen la atención de nuestros trabajadores y las páginas de nuestros periódicos.

Nuestros problemas son otros. Y ya aparecerán las historias, y ya aparecerán los problemillas en alguna revista literaria: más que suficiente. Y algún rato de ocio, de aburrimiento —si es que cabe— lo puede dedicar el público como un entretenimiento o como una ilustración útil a esas cuestiones que quieren a toda costa que las elevemos a la categoría de problemas importantes.

Porque ellos allá, todos esos periódicos reaccionarios, burgueses, pagados por el imperialismo, corrompidos hasta la médula de los huesos, a mil millas de distancia de los problemas de esta Revolución y de los países como el nuestro, creen que ésos son los problemas. ¡No!, señores burgueses: nuestros problemas son los problemas del subdesarrollo y cómo salirnos del atraso en que nos dejaron ustedes, los explotadores, los imperialistas, los colonialistas; cómo defendernos del problema del criminal intercambio desigual, del saqueo de siglos. Esos son nuestros problemas.

¿Y los otros problemas? Si a cualquier de esos "agentillos" del colonialismo cultural lo presentamos nada más que en este Congreso, creo que hay que usar la Policía, no obstante lo cívicos y lo disciplinados que son nuestros trabajadores y que son estos delegados al Congreso. No se pueden ni traer, eso lo sabe todo el mundo. Así es. Por el desprecio profundo que se ha manifestado incesantemente sobre todas estas cuestiones.

De manera que me he querido referir a esto para explicarles el por qué a los liberales burgueses.

Están en guerra contra nosotros. ¡Qué bueno! ¡Qué magnífico! Se van a desenmascarar y se van a quedar desnudos hasta los tobillos. Están en guerra, sí, contra el país que mantiene una posición como la de Cuba, a noventa millas de los Estados Unidos, sin una sola concesión, sin el menor asomo de claudicación, y que forma parte de todo un mundo integrado por cientos de millones que no podrán servir de pretexto a los seudo-izquierdistas descarados que quieren ganar laureles viviendo en París, en Londres, en Roma. Algunos de ellos son latinoamericanos descarados, que en vez de estar allí en la trinchera de combate, en la trinchera de combate, viven en los salones burgueses, a diez mil millas de los problemas, usufructuando un poquito de la fama que ganaron cuando en una primera fase fueron capaces de expresar algo de los problemas latinoamericanos. Pero lo que es con Cuba, a Cuba no la podrán volver a utilizar jamás, ¡jamás!, ni defendiéndola. Cuando nos vayan a defender les vamos a decir: "No nos defiendan, compadres, por favor, no nos defiendan". "¡No nos conviene que nos defiendan!" "¡No nos conviene que nos defiendan!", les diremos.

Y desde luego, como se acordó por el Congreso, ¿concursitos aquí para venir a hacer el papel de jueces? ¡No! ¡Para hacer el papel de jueces hay que ser aquí revolucionarios de verdad, intelectuales de verdad, combatientes de verdad! Y para volver a recibir un premio, en concurso nacional o internacional, tiene que ser revolucionario de verdad, escritor de verdad, poeta de verdad, revolucionario de verdad. Eso está claro. Y más claro que el agua. Y las revistas y concursos, no aptos para farsantes. Y tendrán cabida los escritores revolucionarios, esos que desde París ellos desprecian, porque los miran como unos aprendices, como unos pobrecitos y unos infelices que no tienen fama internacional. Y esos señores buscan la fama, aunque sea la peor fama: pero siempre tratan, desde luego, si fuera posible, la mejor.

Tendrán cabida ahora aquí, y sin contemplación de ninguna clase ni vacilaciones, ni medias tintas, ni paños calientes, tendrán cabida únicamente los revolucionarios.

Ya saben, señores intelectuales burgueses y libelistas burgueses y agentes de la CIA y de las inteligencias del imperialismo, es decir, de los servicios de Inteligencia, de espionaje del imperialismo: en Cuba no tendrán entrada, ¡no tendrán entrada!, como no se la damos a UPI y a AP. ¡Cerrada la entrada indefinidamente, por tiempo indefinido y por tiempo infinito!

Eso es todo lo que tenemos que decir al respecto.

Ahora, esos instrumentos: cuanto libro se publique aquí, cuanto papel se imprima, cuanto espacio dispongamos útil dondequiera, en todos los medios de divulgación, no digo que los vayamos a usar ciento por ciento en la educación. Desgraciadamente, no podemos. Pero no podemos, no porque no están disponibles ahí, sino porque no tendríamos los materiales, el personal calificado necesario para dedicar la televisión entera, entera a la educación. Si la educación es atractiva, la cultura forma parte de la educación; las mejores obras culturales, las mejores creaciones artísticas del hombre y de la humanidad forman parte de la educación. Pero todo lo que puedan ser usadas, serán usadas. Y deberán ser cada vez más usadas.

Aquí se habla de la necesidad que tenemos de películas infantiles, de programas de televisión infantiles, de literatura infantil. Y no Cuba prácticamente el mundo está carente de eso. Pero, ¿cómo vamos a tener programas infantiles si surgen algunos escritores influidos por esas tendencias y entonces pretenden ganar nombre, no escribiendo algo útil para el país sino al servicio de las corrientes ideológicas imperialistas? Cómo han estado recibiendo premios esos señores, escritores de basura en muchas ocasiones. Porque independientemente de más o menos nivel técnico para escribir, más o menos imaginación, nosotros como revolucionarios valoramos las obras culturales en función de los valores que entrañen para el pueblo.

Para nosotros, un pueblo revolucionario en un proceso revolucionario, valoramos las creaciones culturales y artísticas en función de la utilidad para el pueblo, en función de lo que aporten al hombre, en función de lo que aporten a la reivindicación del hombre, a la liberación del hombre, a la felicidad del hombre.

Nuestra valoración es política. No puede haber valor estético sin contenido humano. No puede haber valor estético contra el hombre. No puede haber valor estético contra la justicia, contra el bienestar, contra la liberación, contra la felicidad del hombre. ¡No puede haberlo!

Para un burgués cualquier cosa puede ser un valor estético, que lo entretenga, que lo divierta, que lo ayude a entretener sus ocios y sus aburrimientos de vago y de parásito improductivo. Pero esa no puede ser la valoración para un trabajador, para un revolucionario, para un comunista. Y no tenemos que tener ningún temor a expresar con toda claridad estas ideas. Si los revolucionarios hubieran tenido temor por las ideas, ¿dónde demonios estarían? Tendrían diez cadenas en el cuello y cien mil patas sobre los hombros —no digo pies—, patas de verdugos y de opresores y de imperialistas. Por algo una Revolución es una Revolución y existe y se desarrolla. Y por algo existen los revolucionarios y para algo existen los revolucionarios.

Y ésas son y tienen que ser y no puede haber otras valoraciones. Pues decíamos que, claro, es lógico que nos falten libros de literatura infantil. Unas minorías privilegiadas escribiendo cuestiones de las cuales no se derivaba ninguna utilidad, expresiones de decadencia. ¡Ah!, pero en parte también porque aquí se han adoptado ciertos criterios. En los tiempos contemporáneos, ¿se considera intelectual a quién? Hay un grupito que ha monopolizado el título de intelectuales y de trabajadores intelectuales. Los científicos, los profesores, los maestros, los ingenieros, los técnicos, los investigadores, no, no son intelectuales. Ustedes no trabajan con la inteligencia. Según ese criterio, los educadores no son intelectuales.

Pero también ha habido una cierta inhibición por parte de los verdaderos intelectuales, que han dejado en manos de un grupito de hechiceros los problemas de la cultura. Esos son como los hechiceros de las tribus en las épocas primitivas, en que aquéllos tenían tratos con Dios, con el Diablo también, y además curaban, conocían las hierbas que curaban, las recetas, las oraciones, las mímicas que curaban.

Y ese fenómeno todavía en medio de nuestro primitivismo se produce. Un grupito de hechiceros que son los que conocen las artes y las mañas de la cultura y pretenden ser eso.

Y por eso se ha planteado que nosotros en el campo de la cultura tenemos que promover ampliamente la participación de las masas y que la creación cultural sea obra de las masas y disfrute de las masas. Y que los mejores valores que ha creado la humanidad en todos los siglos, desde la literatura antigua, las esculturas, las pinturas, igual que lo fueron los principios de la ciencia, la matemática, la geometría, la astronomía, puedan ser patrimonio de las masas, puedan estar al alcance de las masas, puedan comprenderlas y disfrutarlas las masas. Y que las masas sean creadoras.

¿No tenemos acaso casi cien mil profesores y maestros? ¿No hemos visto nosotros en este Congreso brillantísimas intervenciones, agudas y profundas inteligencias, imaginación, carácter, tantas virtudes a raudales? ¿Es que acaso entre casi cien mil profesores y maestros, para señalar sólo un sector de nuestros trabajadores, no podrían promover un formidable movimiento cultural, un formidable movimiento artístico, un formidable movimiento literario? ¿Por qué no buscamos, por qué no promovemos, para que surjan nuevos valores, para que podamos atender esas necesidades, para que podamos tener literatura infantil, para que podamos tener muchos más programas de radio y de televisión educacionales, culturales, infantiles? Es eso lo que debemos hacer, es eso el movimiento de masas que debemos proponer.

¿Qué mejor ejemplo que el de hoy, en los espectáculos que brindaron los alumnos, jovencitos de la secundaria y de la pre-universitaria? Algunos de esos alumnos representaban determinadas escuelas, donde todos los alumnos participan en algún Círculo de Interés Científico, y donde todos los alumnos participan en actividades culturales, y escriben, escriben poesía, y obras literarias, y obras de teatro, y representan, y practican todas las actividades culturales. Y aquí los hemos visto esta noche.

Si nosotros podemos hacer eso en todas las escuelas, y podemos hacerlo —¿no vimos un grupo de niños?—, podemos y debemos hacerlo desde los Círculos Infantiles, en la escuela primaria, en la secundaria, en la fábrica. ¿Qué pueden preocuparnos a nosotros las magias de esos hechiceros? ¿Qué pueden preocuparnos, si nosotros sabemos que tenemos la posibilidad de a todo un pueblo hacerlo creador, de a todo un pueblo hacerlo intelectual, hacerlo escritor, hacerlo artista? ¡Todo un pueblo! Si la Revolución es eso, si el socialismo es eso, si el comunismo es eso, porque pretende para las masas, pretende para toda la sociedad liberada de la explotación, los beneficios de la ciencia, de la cultura, del arte. Si eso, y todo lo que forme parte del bienestar del hombre... ¿Por qué luchamos? ¿Para qué luchamos?

¿Y qué era lo que precisamente excitaba el interés de ustedes, la pasión de ustedes, en este Congreso, sino pensando en lo que podían llevar allí de cultura, de adelanto, de mejora, de bienestar, de felicidad, a los niños y a los jóvenes y a los obreros que ustedes enseñan?

Y eso es lo que queremos para todo el pueblo. Eso es lo que queremos para las futuras generaciones. Y en nuestras manos está. ¿Qué nos lo impide? ¿Qué nos lo puede impedir? ¡Nada! Ninguna barrera, ningún obstáculo se impone, como no sean todavía nuestras limitaciones materiales, nuestra falta de niveles, nuestra falta de cuadros. ¡Eso es lo único!

Aquí todos los recursos disponibles, todas la riquezas, todos los brazos, todas las inteligencias, todos los corazones, están al servicio de eso.

Y ésa será nuestra sociedad del futuro, representada aquí por estos jóvenes. Pero es que tenemos que arreglárnoslas para llevar a la actividad a millones de niños y de jóvenes, luchar, trabajar por el desarrollo económico del país, por la base material, que junto al desarrollo de la ciencia, de la educación y del movimiento de cuadros y de personal calificado nos permita hacerlo.

# SEGUNDA CARTA DE LOS INTELECTUALES EUROPEOS Y LATINOAMERICANOS A FIDEL CASTRO[11]

Esta carta también ha recibido amplia difusión. En castellano apareció por primera vez en el diario "Madrid", del 21 de mayo de 1971.

París, mayo 20, 1971

Comandante Fidel Castro
Primer Ministro del Gobierno Cubano

Creemos un deber comunicarle nuestra vergüenza y nuestra cólera. El lastimoso texto de la confesión que ha firmado Heberto Padilla sólo puede haberse obtenido por medio de métodos que son la negación de la legalidad y la justicia revolucionarias. El contenido y la forma de dicha confesión, con sus acusaciones absurdas y afirmaciones delirantes, así como el acto celebrado en la UNEAC, en el cual el propio Padilla y los compañeros Belkis Cuza, Díaz Martínez, César López y Pablo Armando Fernández se sometieron a una penosa mascarada de autocrítica, recuerda los momentos más sórdidos de la época stalinista, sus juicios prefabricados y sus cacerías de brujas.

Con la misma vehemencia con que hemos defendido desde el primer día la Revolución Cubana, que nos parecía ejemplar en su respeto al ser humano y en su lucha por su liberación, lo exhortamos a evitar a Cuba el oscurantismo dogmático, la xenofobia cultural y el sistema represivo que impuso el stalinismo en los países socialistas, y del que fueron manifestaciones flagrantes sucesos similares a los que están sucediendo en Cuba.

---

[11]  Tomado del libro, *El Caso Padilla: Literatura y Revolución en Cuba*, Lourdes Casal. Ediciones Universal & Nueva Atlántida, Miami, 1971. Apareció en castellano por primera vez en el diario «Madrid» del 21 de mayo de 1971.

El desprecio a la dignidad humana que supone forzar a un hombre a acusarse ridículamente de las peores traiciones y vilezas no nos alarma por tratarse de un escritor, sino porque cualquier compañero cubano —campesino, obrero, técnico o intelectual— pueda ser también víctima de una violencia y una humillación parecidas. Quisiéramos que la Revolución Cubana volviera a ser lo que en un momento nos hizo considerarla un modelo dentro del socialismo.

Firman:

Claribel Alegría, Simone de Beauvoir, Fernando Benítez, Jacques-Laurent Bost, Italo Calvino, José María Castellet, Fernando Claudín, Tamara Deutscher, Roger Dosse, Marguerite Duras, Giulio Einaudi, Hans Magnus Enzensberger, Francisco Fernández Santos, Darwin Flakoll, Jean Michel Fossey, Carlos Franqui, Carlos Fuentes, Ángel González, Adriano González León, André Gortz, José Agustín Goytisolo, Juan Goytisolo, Luis Goytisolo, Rodolfo Hinoztrosa, Mervin Jones, Monti Johnstone, Monique Lange, Michel Leiris, Mario Vargas Llosa, Lucio Magri, Joyce Mansour, Daci Maraini, Juan Marse, Dionys Mascolo, Plinio Mendoza, Istvan Meszaris, Ray Miliban, Carlos Monsivals, Marco Antonio Montes de Oca, Alberto Moravia, Maurice Nadeau, José Emilio Pacheco, Pier Paolo Pasolini, Ricardo Porro, Jean Pronteau, Paul Rebeyrolles, Alain Resnais, José Revueltas, Rossana Rossanda, Vicente Rojo, Claude Roy, Juan Rulfo, Nathalie Sarraute, Jean Paul Sartre, Jorge Semprún, Jean Shuster, Susan Sontag, Lorenzo Tornabuoni, José Miguel Ullan, José Ángel Valente.

# EL CASO Y EL OCASO DE PADILLA[12]

Reinaldo Arenas

Una de las grandezas del pueblo cubano es que se desprende más fácil de la vida que del sentido del humor. Sentido del humor que contiene casi siempre un profundo sentido crítico e irónico.

El castrismo, con su secuela de represiones, crímenes y escaseces, no ha podido sin embargo, disminuir nuestro sentido del humor. Muy a pesar suyo (del castrismo) el sentido del humor se ha vuelto aún más mordaz; aunque los chistes ahora tengan que decirse en voz apagada y en forma cautelosa. Recuerdo uno de ellos, muy popular en Cuba: Pregunta—¿Cuál es el colmo de un dictador? Respuesta—. Matar a un pueblo de hambre y no cobrarle el entierro—.

Ese sentido del humor —esa ironía— es también un arma que han sabido esgrimir (a veces muy sutilmente) los escritores cubanos. Recuerdo el trabajo de Virgilio Piñera publicado en 1969 en la revista UNIÓN, con motivo de la muerte de Witold Gombrowicz. Allí Virgilio decía que se consideraba con el deber de escribir sobre Gombrowicz; ya que, "aunque los escritores cubanos no tenemos derechos, sí tenemos deberes" —aludiendo irónicamente a la supresión de la propiedad intelectual por Fidel Castro en discurso recientemente pronunciado en Piñar del Río, con motivo de la inauguración de varias cochiqueras.

Ese astuto sentido de la ironía (y hasta de la burla); esa habilidad para decir entre líneas, fue también un arma que utilizó Heberto Padilla en el momento dramático y caricaturesco de su retractación.

El 20 de marzo de 1971, el poeta Heberto Padilla (junto con su esposa Belkis Cuza Malé) fue arrestado y conducido a una de las celdas del Departamento de Seguridad del Estado. Estas celdas son unos espacios de dos metros cuadrados, herméticamente cerrados, con un bombillo y una escotilla en la puerta de hierro, por la que a veces suele asomarse el carcelero de turno. En las mismas se aplican diversos grados de torturas que van, desde los golpes hasta el suministro de incesantes baños de vapor y luego

---

[12]    Arenas, Reinaldo. *Necesidad de libertad*. Ed. Kosmos, México, 1986.

baños congelados (las celdas están equipadas para estas y otras eventualidades).

El propósito de Fidel Castro al enviar a Padilla a ese sitio espeluznantemente célebre en toda Cuba, era lograr que el poeta, que había mantenido una actitud crítica ante el sistema, se retractara y quedase de ese modo desmoralizado, tanto antes los jóvenes escritores cubanos que ya comenzaban a admirarlo, como ante las editoriales extranjeras que comenzaban a publicarlo, y ante todos sus lectores. Para lograr esa humillación o retractación se acudió al no por antiguo menos eficaz método inquisitorial, puesto en práctica con tanta pasión por los monjes medievales: la tortura. Por treinta y siete días Padilla fue sometido a sus diferentes grados, entre los que se incluyeron el ingreso en un hospital de dementes, golpes en la cabeza, torturas sicológicas[13], amenazas de exterminio o una condena infinita. Al cabo de los treinta y siete días los diligentes oficiales obtuvieron lo pedido por Castro: la flamante retractación firmada por Heberto Padilla, en la cual se contemplaba la mención a sus amigos íntimos, incluyendo, también a Lezama Lima quien había premiado el libro *Fuera del juego* y a la propia esposa de Padilla.

El método, que de tan burdo hubiese causado quizás la repugnancia de Torquemada, no podía ser más práctico.

Castro, pródigo en ignominias y abruptas torpezas, creó el "caso Padilla" con el propósito de provocar su ocaso, desmoralizándolo y neutralizándolo, aterrorizando de paso al resto de los intelectuales cubanos que tenía las mismas inquietudes. Pero no lo logró. Como en el caso del llamado "Cordón de La Habana"[14], como en el caso de la cacareada industrialización nacional, como en el caso de la Zafra de los Diez Millones, como en el caso de las innumerables y delirantes leyes creadas con el fin de adoctrinar y estupidizar a todo el pueblo, además de aterrorizarlo, el tiro le salió por la culata: no fue Heberto Padilla el que quedó manchado ante la Historia, sino el propio Fidel Castro, por haber obligado a un escritor, a un ser humano (a través del chantaje y la tortura) a retractarse públicamente de su propia condición humana, de lo que más profundamente lo justificaba y enaltecía: su página querida.

---

[13] Véase: Heberto Padilla. *En mi jardín pastan los héroes*. Argos Vargara Barcelona 1981.

[14] *El Cordón de La Habana* consistía en un plan que tenía como propósito convertir todos los alrededores de la capital en un gigantesco cafetal, plantado y atendido por toda la población.

Si el arresto y prisión de Padilla provocó urticaria en los intelectuales del mundo entero, la obligada (y filmada) retractación que tuvo que representar al salir de la celda de Seguridad del Estado, puso al descubierto el verdadero rostro de la tiranía cubana. Sus llagas se abrieron de tal forma que hoy en día sólo los mediocres útiles y los inescrupulosos bien remunerados (entre los que hay que incluir naturalmente a los agentes disfrazados de intelectuales) se atreven a visitar ese cadáver blindado al estilo soviético, que hace muchos años se llamó *revolución cubana*.

La astuta ironía de Padilla (su sentido del humor aún en circunstancias tétricas) ayudó a mostrar, a quien tuviese alguna duda, lo aberrante de aquella retractación.

Fuí uno de los cien escritores "invitados" a presenciar la confesión de Padilla aquella noche del 27 de abril, en los salones de la UNEAC. Allí estaban también Virgilio Piñera, Antón Arrufat, Miguel Barnet, José Yánez, Roberto Fernández-Retamar y muchos más. Milicianos armados cuidaban afanosos la puerta de la entrada de la antigua mansión del Vedado, ocupados en constatar que todo el que llegase estuviese en la lista de "invitados". Hombres vestidos de civiles, pero de ademanes y rostros ostensiblemente policiales, preparaban diligentes la función. Allí estaba también Edmundo Desnoes. Se encendieron las luces, las cámaras cinematográficas del Ministerio del Interior comenzaron a funcionar. Padilla representó su Galileo. Sabía que no le quedaba otra alternativa, como en otro tiempo lo supo el Galileo original, como en otro tiempo lo supieron tantos hombres, quienes, mientras las llamas los devoraban, tenían que dar gracias al cielo por ese "bondadoso" acto de purificación... Pero esta vez el espectáculo era además filmado; lo cual de paso nos enseña que el avance de la técnica no tiene por qué disminuir el de la infamia.

Fue entonces cuando Padilla, en medio de aquella aparatosa confesión filmada y ante numeroso público oficialmente invitado, puso a funcionar su ironía, su hábil sentido del humor, su burla. Entre lágrimas y golpes de pecho dijo "que en las numerosas sesiones que había mantenido por espacio de más de un mes con los oficiales del Ministerio del Interior, había aprendido finalmente a admirarlos y a amarlos".[15]

Para cualquiera someramente versado en literatura y represión, era evidente que Padilla estaba aludiendo aquí a los numerosos interrogatorios

---

[15]    Heberto Padilla: Confesión publicada en la *revista Casa de las Américas* La Habana 1971.

y torturas que había padecido a mano de esos oficiales de la Seguridad del Estado. Y en cuanto a la expresión "admirar y amar", no por azar Padilla la empleaba, sino por tétrica coincidencia. Dicha expresión traía a la memoria el terrible momento final de la obra 1984 de George Orwell, donde el protagonista, luego de haber sido sometido a todo tipo de torturas, luego de haber sido "vaporizado" al igual que lo estaba siendo Heberto Padilla en ese momento, terminaba diciendo que "*amaba al Gran Hermano*".

Durante diez años, Padilla, al igual que el Winston de Orwell, vivió vaporizado en Cuba, hasta que en 1980 logra trasladarse a Estados Unidos. Recuerdo sus palabras en el discurso pronunciado en la Universidad Internacional de la Florida en 1980. Allí Padilla dijo, aludiendo a su obligada retractación, que tuvo que hacerla; "porque cuando a un hombre le ponen cuatro ametralladoras y lo amenazan con cortarle las manos si no se retracta, generalmente accede; ya que esas manos son más necesarias para seguir escribiendo".[16]

Los que hemos padecido los eficaces métodos implantados, para lograr sus propósitos, por los que en Cuba manejan las ametralladoras, no tenemos nada que objetar a Heberto Padilla; quien debe avergonzarse es el inquisidor, no el confeso; el amo, no el esclavo.

Lo que resulta realmente inconcebible es que Edmundo Desnoes, para neutralizar la efectividad del mensaje en la poesía de Padilla contra el castrismo anteponga, como introducción a esos poemas, fragmentos de la obligada retractación obtenida por la Seguridad del Estado. Esta "coinciden-cia" entre el aparato inquisitorial de la Seguridad del Estado cubana y Edmundo Desnoes, no se puede pasar por alto.

"Hay clichés del desencanto" —dijo Padilla durante su autocrítica dictada por la policía cubana y vuelva a utilizar por Desnoes—, "y esos clichés yo los he dominado siempre. Aquí hay muchos amigos míos que yo estoy mirando ahora, que lo saben. César Leante[17] lo sabe. César sabe que yo he sido un tipo escéptico toda mi vida, que yo siempre me he inspirado en el desencanto".

La visión desgarrada y real que nos da Heberto Padilla en sus poemas sobre la represión, los crímenes, y el fracaso del castrismo y del comunismo

---

[16]   Estas mismas declaraciones hechas por Padilla acaban de ser publicadas en la revista *Interviú*, (23-29 septiembre) España 1981.

[17]   Irónicamente, el mismo César Leante acaba de asilarse en España cuando iba en viaje oficial hacia Bulgaria (Nota en 1982).

en general. Desnoes (y naturalmente las autoridades cubanas) quieren neutralizarla, presentándonos al poeta como un ente pesimista y escéptico... Al parecer, ante los campos de trabajos forzados, las prisiones repletas, el hambre crónica y los jóvenes ametrallados en el mar, el poeta debe entonar loas optimistas y agradecidas al Estado, que impone tal situación. En este caso, al propio Fidel Castro.

Si quisiéramos establecer una comparación entre la represión padecida bajo la lamentable tiranía batistiana y la actual, bastaría trazar un paralelo entre la forma burda e ilegal en que fue arrestado y tratado Padilla hasta obtener su retractación, en la cual se llamaba a sí mismo *un criminal* por el simple hecho de haber escrito un libro de poemas, y la manera en que se llevó el juicio contra el propio Fidel Castro por haber atacado, minuciosamente armado, al cuartel Moncada en Santiago de Cuba, donde murieron decenas de hombres. Para demostrar esas diferencias vamos a citar textualmente a un testigo excepcional y jefe del asalto armado, a quien ni siquiera Desnoes ni Fidel Castro podrían poner en tela de juicio. Se trata del mismo Fidel Castro: "A los señores magistrados mi sincera gratitud por haberme permitido expresarme libremente, sin mezquinas coacciones, no os guardo rencor, reconozco que en ciertos aspectos habéis sido humanos, y sé que el presidente del tribunal, hombre de limpia vida, no puede disimular su repugnancia por el estado de cosas reinante, que lo obliga a dictar un fallo injusto".[18]

Esas "mezquinas coacciones" que no padeció Fidel Castro en la prisión y que por lo tanto no le impidieron hablar libremente en su defensa, se convirtieron en "el caso Padilla" (dirigido por el mismo Fidel Castro[19]) no sólo en *mezquinas*, sino en *sórdidas*, *ineludibles* e *inhumanas*, a tal extremo que Padilla tuvo que aprender a "admirar y amar" a sus carceleros y torturadores.

---

[18]   Fidel Castro: *La Historia me absolverá*, (de este documento hay ediciones en todos los idiomas). En Cuba se han hecho unas veinticinco ediciones del mismo.

[19]   Heberto Padilla: prólogo a la novela *En mi jardín pastan los héroes*.

# CUBA: DOGMA Y RITUAL[20]

José Ángel Valente

> «*Las complejas contradicciones objetivas de una gran transformación social quedan reducidas a términos subjetivos de fácil manipulación y se convierten en el simple problema de cómo ocuparse administrativamente del "individuo resistente" que es "una supervivencia del pasado". Los problemas se plantean de modo unilateral y burocrático para facilitar su solución administrativa, de conformidad con la estructura institucional de la sociedad posrevolucionaria propio del estalinismo.*»

Mészáros: *La teoría de la alienación en Marx.*

En las últimas semanas, la atención de la prensa europea ha quedado casi exclusivamente absorbida, en lo que respecta a Cuba, por el caso Padilla. Pero lo grave del caso Padilla es que no agota su gravedad en sí mismo. De la historia de Nadedja y Ossip Mandelstam (el poeta "acmeísta" liquidado en fecha todavía no precisada, entre 1938 y 1940) ha escrito no hace mucho un crítico inglés que fue una "historia trágica, pero también ordinaria". El proceso de Padilla y de los amigos (suyos y míos) que le acompañaron en el grotesco y anacrónico ritual de la autocrítica, también es, a su modo, trágico y ordinario. Y aquí más grave nos parece la vulgaridad que la tragedia. Cuantas más declaraciones hace Padilla, cuanto más asume el papel que le han impuesto, más denuncia la vulgaridad del modelo represivo por el que el Gobierno cubano ha optado. Padilla ha hecho una autocrítica; el Gobierno cubano, que le ha obligado a hacerla y le ha dado amplia difusión, ha hecho a su vez una autodenuncia: ha asumido el rostro

---

[20] *Triunfo* (Madrid), Año XXVI, No. 472. 19 de junio de 1971, pp. 63-64. (*El Caso Padilla: Literatura y Revolución en Cuba*, Lourdes Casal. Ediciones Universal & Nueva Atlántida, Miami, 1971).

grotesco y poco grato de los aparatos represivos que ya eran "trágicos, pero ordinarios" hace más de treinta años.

La inteligencia puesta en esta operación por sus inspiradores y ejecutores parece bien escasa. Tanto como para no advertir que al Padilla autocriticado al que siguen haciendo hablar le han inutilizado ellos mismos como portavoz de nada creíble. Cada nueva palabra que hacen pronunciar a Padilla es una nueva denuncia de un modelo ordinario, vulgar, de piezas harto conocidas y usadas.

El caso Padilla no agota su gravedad en sí mismo. Atenerse demasiado a él pudiera ser un modo de servir los burdos intereses de una política que recurre a la invención de demonios para ocultar o descargar sus demasiado reales tensiones. Los problemas de Cuba son manifiestos. Su no solución ha obligado al Gobierno a opciones poco concordes con la imagen que la Revolución cubana había dado de sí misma. La desilusión consiguiente no es sólo europa, aunque así se pretenda desde La Habana, y no es de orden cultural, sino político. La acumulación de opciones políticamente regresivas ha ido deformando la imagen de la Revolución cubana en beneficio de un esquema, cada vez más visible, de sociedad represiva. Este es el contexto a cuya gravedad total nos remite la particular gravedad del caso Padilla.

Paralelamente al caso Padilla ha tenido lugar en La Habana un acontecimiento de más acusadas repercusiones generales, a cuya significación aún no se ha prestado desde fuera toda la atención debida. Se trata del I Congreso Nacional de Educación y Cultura, que se reunión entre los días 23 y 30 del pasado mes de abril. Los elementos fundamentales de esa reunión están contenidos en la Declaración del Congreso y en el discurso de clausura pronunciado por el primer ministro del Gobierno revolucionario. "Este Congreso —afirmó el primer ministro— es un poco la imagen de la futura sociedad de nuestro país". La imagen así anticipada aloja explícitamente, y con carácter normativo, rasgos o principios trágico-ordinarios de un vulgar aparato represivo.

Lo que los educadores cubanos sitúan en el centro del proceso educativo y cultural es lo que ellos mismos llaman el "monolito ideológico". Alrededor de este símbolo venerable desencadenan los educadores una agitada zarabanda. El ritual es manifiestamente de exorcización. Se trata, a todas luces, de visibilizar las entidades diabólicas que han de ser sometidas o eliminadas.

Lugar preferente en la serie diabólica es el otorgado a los *intelectuales*, que pueden atentar contra la intangilidad del "monolito". A los de dentro se les llama "sembradores de veneno" y "hechiceros"; a los de fuera, expertos en "basura", "agentillos del colonialismo", "descarados", "liberalistas y agentes de la C.I.A.", "ratas", etcétera.

La inquisición de *libros* tiene también su explícita declaración de principio: "Por cuestión de principio, hay algunos libros (no se especifica su naturaleza) de los cuales no se debe publicar ni un ejemplar, ni un capítulo, ni una página, ¡ni una letra!". (Discurso del primer ministro).

En capítulo especial de su programa de trabajo estudió el Congreso, bajo el título de *Modas, costumbres* y *extravagancias*, los factores sociales que, a juicio de los educadores, pueden ser signo de "cualquier forma de desviación entre los jóvenes". Para las "desviaciones" relaciones con la *moda* proponen los educadores la creación de "organismos especializados de la revolución". Para otras "*desviaciones*", designadas con peligrosa vaguedad como *extravagancias, aberraciones, exhibicionismo,* etcétera, se propone lisa y llanamente "el enfrentamiento directo" y la "eliminación".

En cuanto a la *religión,* es curioso observar el aire conciliatorio con que se aborda el tema de la Iglesia católica. Los educadores se muestran muy receptivos al "movimientos mundial de reforma de ésta" y a la "actitud de la jerarquía eclesiástica". La hostilidad es manifiesta, en cambio, en el caso de las Iglesias o confesiones minoritarias, como los Testigos de Jehová y los Adventistas. Estas confesiones aparecen sistemáticamente calificadas como *sectas,* y son objeto de igual hostilidad que las *sectas religiosas* procedentes del continente africano, en particular la "*ñáñiga* o *abacuá*". Este último factor, junto con la insistencia del Congreso en la fusión de lo español y lo africano, hace pensar en la existencia de un problema negro, escasamente conocido, en el seno de la Revolución.

Respecto a la *sexualidad,* otro de los grandes capítulos del Congreso, los educadores resucitaron un viejo demonio de la Revolución cubana: el homosexual. La represión activa de la homosexualidad en todas sus "formas" y "manifestaciones" quedó establecida como "principio militante" por el Congreso. La Comisión encargada de este asunto arbitró abundantes propuestas para la identificación o caza del homosexual, el estudio de su "grado de deterioro" y el "saneamiento de focos", así como para evitar que "por medio de la *calidad artística* reconocidos homosexuales ganen influencia... en nuestra juventud", y para impedir "que ostenten una representación artística de nuestro país en el extranjero personas cuya moral (sexual) no respondía al prestigio de nuestra Revolución".

Por último, los educadores ven en todo atentado a la intangibilidad del "monolito" un claro indicio de colonización cultural. Curiosamente, estos descolonizadores hablan y escriben un lenguaje particularmente colonizado: *enfatizar* (emphasize), *planes emergentes* (emergency o emergent plans), *cursos emergentes*, *implementar* (implement), etcétera.

Ante esta anticipada imagen del porvenir cubano bien cabe preguntarse si fue ese en la política, en la prosa y en el verso, el sueño de José Martí, si fue ese el sueño del Che, si por esa imagen, en su día, habría combatido realmente el propio Fidel.

# LA AUTOHUMILLACIÓN DE LOS INCRÉDULOS[21]

Octavio Paz

Las «confesiones» de Bujarin, Radek y los otros bolcheviques, hace treinta años, produjeron un horror indescriptible. Los *procesos de Moscú* combinaron a Iván el Terrible con Dostoievski y a Calígula con el Gran Inquisidor: los crímenes de que se acusaron los antiguos compañeros de Lenin eran a un tiempo inmensos y abominables. Tránsito de la historia como *pesadilla* universal a la historia como *chisme* literario: las autoacusaciones de Heberto Padilla. Pues supongamos que Padilla dice la verdad y que realmente difamó al régimen cubano en sus charlas con escritores y periodistas extranjeros: ¿la suerte de la Revolución cubana se juega en los cafés de Saint-Germain des Prés y en las salas de redacción de las revistas literarias de Londres y Milán? Stalin obligaba a sus enemigos a declararse culpables de insensatas conspiraciones internacionales, dizque para defender la supervivencia de la URSS; el régimen cubano, para limpiar la reputación de su equipo dirigente; dizque manchada por unos cuantos libros y artículos que ponen en duda su eficacia, obliga a uno de sus críticos a declararse cómplice de abyectos y, al final de cuentos, insignificantes enredos político-literarios...

No obstante, advierto dos notas en común: una, esa obsesión que consiste en ver la mano del *extranjero* en el menor gesto de crítica, una obsesión que nosotros los mexicanos conocemos muy bien (basta con recordar el uso inquisitorial que se ha hecho de la frasecita: partidario de las «ideas exóticas»): otra, el perturbador e inquietante tono *religioso* de las confesiones. Por lo visto, la autodivinización de los jefes exige, como contrapartida, la autohumillación de los incrédulos. Todo esto sería únicamente grotesco si no fuese un síntoma más de que en Cuba ya está en marcha el fatal proceso que convierte al partido revolucionario en *casta* burocrática y al dirigente en *césar*. Un proceso universal y que nos hace ver con otros ojos la historia del siglo XX. Nuestro tiempo es el de la peste autoritaria: si Marx hizo la crítica del capitalismo, a nosotros nos falta hacer

---

[21] *Índice*, Madrid, Julio de 1971.

la del Estado y las grandes burocracias contemporáneas, lo mismo las del Este que las del Oeste. Una crítica que los latinoamericanos deberíamos completar con otra de orden histórico y político: la crítica del gobierno de excepción por el hombre excepcional, es decir la crítica del caudillo, esa herencia hispano-árabe.

# HEBERTO PADILLA:
# EL REVÉS DE LA MÁSCARA[22]

Eduardo Lolo

–¡La UNEAC está en candela!

Esa fue la expresión inicial del amigo que me traía la noticia de lo que estaba aconteciendo en la sede de la Unión Nacional de Escritores y Artistas de Cuba en aquel octubre de 1968. Y no podía ser más gráfica. Ni real. En efecto, el palacete del Vedado confiscado a un antiguo burgués, ardía por todos los costados de la historia. Atrás quedaban las lentas digestiones de sus viejos y nuevos moradores, de *acedías* económicas los unos y eructos literarios los otros. Ahora la UNEAC estaba en candela y su olor de ideas chamuscadas llegaba a todos los círculos artísticos del país.

Los autores del incendio eran los miembros del jurado nombrado por la misma UNEAC ese año para seleccionar al ganador del premio anual de poesía que otorgaba la institución a autores cubanos. Dicho jurado estaba formado por dos leyendas de la literatura criolla (José Lezama Lima y José Zacarías Tallet), el poeta premiado el año anterior en el mismo certamen (Manuel Díaz Martínez), César Calvo y un extranjero (el crítico británico J.M. Cohen) quien, aunque no estuvo presente en el momento del incendio, dejó preparada su mecha de tiempo antes de regresar a su país de origen. Los cuatro habían acordado por unanimidad que el máximo galardón literario que otorgaba el autotitulado Gobierno Revolucionario recayera en una obra considerada contrarrevolucionaria por los representantes de ese propio gobierno. Y se obstinaban en mantener su veredicto —en avivar el fuego.

## De Puerta de Golpe al golpe en la puerta

Los versos incendiarios se los había proporcionado al jurado un joven poeta quien hasta poco tiempo antes había sido considerado miembro activo de la nueva burguesía que ahora atacaba: Heberto Padilla. El título del libro era ya de por sí bastante ambiguo: *Fuera del juego;* pero con él su autor no lograría otra cosa que caer muy dentro de la historia–que es decir, la trampa.

---

[22] Publicado originalmente en: *Las trampas del tiempo y sus memorias* (Coral Gables: Iberian Studies Institute, North-South Center, University of Miami, 1991.), págs. 49-89. Revisado por el autor para este libro.

Oriundo de un pequeño villorrio pinareño de nombre surrealista (Puerta de Golpe), el joven Padilla se caracterizó desde muy temprano por su poliglotismo y una seria vocación política de tendencia izquierdista. Lo primero le permitiría un acceso de primera mano a la cultura europea de su época (algo poco común en la Cuba de entonces), mientras la segunda le haría trabar conocimiento personal con quienes pasado el tiempo habrían de convertirse en importantes personajes de la historia política cubana contemporánea–entre ellos un ambicioso joven oriental admirador de Mussolini: Fidel Castro.

El fracaso de la democracia cubana a inicios de la década del 50 lanzó a Padilla a las playas del exilio, de donde no regresaría sino una vez hecho el cambio de dictadura. Pero entonces él –como la inmensa mayoría del pueblo cubano– no pensaba así, y por tal razón se incorporó de inmediato al nuevo régimen.

Como parte del personal del periódico *Revolución,* Padilla fue uno de los creadores de *Lunes de Revolución,* suplemento literario semanal de dicho diario cuyas principales figuras serían Guillermo Cabrera Infante y Virgilio Piñera. Es de destacar que *Lunes de Revolución* permanece hoy en día, pese al tiempo transcurrido y su corta duración, como la mejor revista literaria cubana de todos los tiempos.

Pero precisamente esa destacada calidad hizo que *Lunes...* se buscara de inmediato la enemistad de la emergente fuerza totalitaria dentro del llamado Gobierno Revolucionario, razón por la cual no sobreviviría a una de las primeras «purgas» que luego se tornarían crónicas del castrismo. Sin embargo, a pesar de haber sido Padilla miembro de la facción perdedora, no por ello cayó en desgracia. Su poliglotismo y sus amistades políticas le propiciaron más de un puesto de importancia en el extranjero, y todo ello como funcionario de un gobierno que recién había suspendido la libertad de movimiento de sus ciudadanos.

Mientras, su producción poética hasta entonces aparecería reunida en *El justo tiempo humano,* donde a pesar del tono casi panfletario de algunos poemas, podía apreciarse un oficio poético en ciernes de primera magnitud.

Pero, a despecho de nombramientos oficiales internacionales y la positiva acogida gubernamental a su poemario, Padilla todavía permanecía como una figura de segundo o tercer orden dentro del ambiente intelectual criollo de la época. Hasta que una polémica, aparentemente literaria, lo pusiera en el primer plano de la vida cultural cubana.

La misma tuvo lugar en las páginas de *El Caimán Barbudo,* respuesta que dio la gubernamental Unión de Jóvenes Comunistas a la necesidad juvenil de una publicación literaria. El tabloide, aunque lejos de *Lunes*... en cuanto a calidad se refiere, puede catalogarse en su primera etapa como uno de los aciertos editoriales cubanos de la década del 60. Y es ahí donde Padilla apoya al ya entonces poco menos que prohibido Cabrera Infante en detrimento de una figura emergente en el favoritismo oficial: Lisandro Otero.

La razón original de la polémica es, más que banal, ridícula: Infante y Otero resultan finalistas en un concurso literario español y ante el fallo a favor del primero, el segundo y sus acólitos deciden protestar. En realidad, el tiempo ha demostrado que el jurado hizo la mejor opción (*Tres tristes tigres* ha quedado como una de las mejores novelas en idioma español de este siglo, al tiempo que *Pasión de Urbino* ni siquiera alcanza esa categoría dentro de la literatura cubana en particular), pero Padilla aprovechó la oportunidad para lanzar las más ácidas críticas contra la UNEAC y el estilo masivamente stalinista que estaba tomando la política gubernamental cubana.

La respuesta estatal no se hizo esperar: a Padilla se le prohibió salir más del país y fue cesanteado de su puesto. Se convertía, como otro amigo de Cabrera Infante, en «una suerte de no-persona revolucionaria que hacía punto ecuánime al precario equilibrio de las no-personas arrevolucionarias y las no-personas contrarrevolucionarias» (p. 16). Pero Padilla no podría mantener durante mucho tiempo dicho equilibrio y pasaría, casi que sin escala en la segunda categoría, a la última. Su condición de no-persona contrarrevolucionaria vendría dada por su intento de quedar fuera del juego, con el cual no lograría otra cosa que quedar dentro del ruedo. Enfrentado a un matador armado hasta la demagogia, el temor de que le tumbaran la puerta a pedradas y le rompieran la página querida, se convirtió para Padilla en la más probable de las posibilidades. Pero antes daría a conocer el poemario más importante de la era castrista.

**Voto razonado vs. razón de Estado**
En el momento en que mi amigo traía la noticia del escándalo de los premios nacionales de literatura de ese año, el Comité Director de la UNEAC estaba reunido con los miembros de los jurados de poesía y teatro a fin de «convencerlos» para que cambiaran sus respectivos fallos. Algunos miembros del jurado de teatro votaron en contra de Antón Arrufat, pero los detractores de su obra no obtuvieron mayoría y *Los Siete contra Tebas*

mantuvo el primer lugar. En el caso del jurado de poesía, a pesar del «amplísimo debate, que duró varias horas» al decir de la propia UNEAC (p. 57), la unanimidad del fallo a favor de *Fuera del juego,* se mantuvo valientemente. Fue una reunión ácida, de altos decibeles demagógicos y turbulencias intimidatorias. Como resultado, todos los jurados rebeldes saldrían metamorfoseados en no-personas de diversa graduación y se emitirían un Voto Razonado del Jurado y una Declaración de la UNEAC que lo contrastara.

En el primero, los valientes jurados, luego de destacar las cualidades técnicas de *Fuera del juego,* se adentran en su contenido, que era precisamente el aspecto polémico:

... en lo que respecta al contenido, hallamos en este libro una intensa mirada sobre problemas fundamentales de nuestra época y una actitud crítica ante la historia. Padilla reconoce que, en el seno de los conflictos a que lo somete la época, el hombre actual tiene que situarse, adoptar una actitud, contraer un compromiso ideológico y vital al mismo tiempo, y en Fuera del Juego se sitúa del lado de la Revolución, se compromete con la Revolución, y adopta la actitud que es esencial al poeta y al revolucionario: la del inconforme, la del que aspira a más porque su deseo lo lanza más allá de la realidad vigente. (p. 56)

Más adelante, el jurado deja constancia implícita del «endurecimiento» de la política cultural cubana que estaba teniendo lugar entonces como consecuencia de su marcada y progresiva estalinización:

Aquellos poemas, cuatro o cinco a lo sumo, que fueron objetados, habían sido publicados en prestigiosas revistas cubanas del actual momento revolucionario. Así, por ejemplo, el poema «En tiempos difíciles» había sido publicado en la revista *Casa de las Américas,* número 42, sin que en el momento de su publicación se engendrara ningún comentario desfavorable. Otros poemas habían sido publicados en la revista del Consejo Nacional de Cultura y en la de la UNEAC... (p. 56)

Y concluye el jurado:

La fuerza y lo que le da sentido revolucionario a este libro es, precisamente, el hecho de no ser apologético, sino crítico, polémico, y estar esencialmente vinculado a la idea de la Revolución como la única solución posible para los problemas que obsesionan a su autor, que son los de la época que nos ha tocado vivir. (p. 56)

La extensa *Declaración de la UNEAC* que se insertara en la edición cubana de *Fuera del juego,* considera todo lo contrario y se propone dos objetivos fundamentales: en lo interno, «limpiarse» ante el Gobierno la imagen seudo-liberal que se había construido en los primeros tiempos del castrismo a fin de atemperarse a su nueva (y lógica) fase estalinista y en lo externo, convencer a la intelectualidad izquierdista internacional de que la excomunión política de Padilla no respondía a esa nueva (y lógica) fase, sino a una verdadera actitud contrarrevolucionaria del poeta. Objetivos secundarios propiciaban purgas intestinas, amedrentamiento general de los intelectuales cubanos, etc. Aunque a la pieza de Arrufat se le dedicó sólo un párrafo, se aclara que «Ambas [obras] ofrecían puntos conflictivos en un orden político» (p. 57) donde el calificativo *conflictivo* era utilizado con el significado que entonces estaba de moda, acuñado por la política castrista de consignas y frases hechas: simplemente contrarrevolucionario.

En el caso particular de Padilla se le acusa de ambigüedad, de mantener «dos actitudes básicas: una criticista y otra antihistórica» (p. 59), de defender el individualismo y homenajear al «que permanece al margen de la sociedad, fuera de juego» (p. 59), de escepticismo, de justificar «en un ejercicio de ficción y enmascaramiento, su notorio ausentismo de su patria en los momentos difíciles en que ésta se ha enfrentado al imperialismo» (p. 61), de identificar «lo revolucionario con la ineficiencia y la torpeza» (p. 61) y de conmoverse «con los contrarrevolucionarios que se marchan del país y con los que son fusilados por sus crímenes contra el pueblo» (p. 61). La declaración también defiende a la Rusia de Stalin y, como de paso, hace referencia a «la defensa pública que el autor [Padilla] hizo del tránsfuga Guillermo Cabrera Infante» (p. 61). Incluso se llega a asegurar que las obras premiadas serían de utilidad a los marines norteamericanos «a la hora en que el imperialismo se decida a poner en práctica su política de agresión bélica frontal contra Cuba» (p. 62).

Obviando las frases hechas y las múltiples ridiculeces del texto, queda aclarado que todo el asunto se reduce a «una batalla ideológica, un enfrentamiento político» (p. 62), en la cual la UNEAC decide endurecer su posición –de acuerdo a los dictados gubernamentales– rechazando el contenido de las obras premiadas (p. 63). Para el jurado que se obstinaba en premiarlo, *Fuera del juego* era un libro revolucionario, en tanto que para la dirección de la institución que tenía que otorgar el premio, era una obra contrarrevolucionaria. ¿Cuál de las dos interpretaciones estaba acertada?

En realidad ambas. Y no hay contradicción alguna en esta afirmación. Jurados y burócratas, dadas las diferencias de los conceptos que esgrimían, simplemente hablaban lenguajes diferentes. Los primeros tomaban como punto de partida «la Revolución» (p. 56), mientras los segundos lo hacían desde «nuestra Revolución» (p. 57). La significativa carencia del adjetivo en el *Voto razonado del jurado y la* igualmente significativa presencia de ése u otro semejante para acompañar al sustantivo Revolución en la*Declaración de la UNEAC,* marca el inicio de caminos divergentes. «Nuestra Revolución» se refería a la variante estalinista (y por lo tanto conservadora) del modelo soviético de gobierno, donde el dogma prevalece sobre la razón (así, sin adjetivo) a favor de la razón de estado. La Revolución, por el contrario, se refería a la actitud —básicamente juvenil— de crítica a los patrones establecidos, de romántico destruir de valores caducos, de inconformidad, cambio, desarrollo. Aclarados los conceptos, pese a la carga demagógica castrista, el más somero análisis de sus nuevas características conducía a reconocerlo como la antítesis de Revolución, por lo que un texto que fuera revolucionario para «la Revolución» tenía que ser, obligatoriamente, contrarrevolucionario para «nuestra Revolución.» Y ése es el caso de *Fuera del juego,* donde la trampa toma forma de versos y las memorias la voz del canto desesperado.

## El método del discurso

*Fuera del juego* es un libro de poemas que trata de historia. El propio autor así lo reconoce en su introducción a la edición cubana «de afuera» (Editorial S.I.B.I., Miami): «La historia como dificultad, chantaje, incluso asfixia, es el verdadero asunto de mi libro». (p. 9) Pero no una historia pasada, llena de polvo y tiempo, sino el presente como historia, el hoy visto con la objetividad de mañana; una poesía que, al historiar su propio tiempo, se hace historia ella misma.

En este historiar de Padilla, aparecen con entera nitidez los más prototípicos personajes de su época, las situaciones más comunes, las ansias y temores más generalizados. La visión particular convive con la general y –lo que más molestara a los burócratas graznantes– todo ello mediante la utilización de los recursos que siempre se habían asociado con la literatura revolucionaria: la ironía, la ambigüedad, el espíritu crítico, la solidaridad humana. A continuación, un somero análisis de tales versos, de tales tiempos, de tales trampas.

## Los símbolos del terror

En un sistema político donde el poder (el terror) del Estado lo domina todo –incluyendo las más pueriles y cotidianas actividades–, sus símbolos alcanzan categoría omnipresente, su ubicuidad se torna literal y su omnipotencia se vuelve ilimitada. A nivel popular, el personaje más reconocido como símbolo de ese poder aplastante en Cuba, es el policía. No el simple cuidador del orden o guiador del tráfico, sino el miembro de la policía política (G-2) con su control absoluto del sistema judicial.

Este policía aparece a todo lo largo de *Fuera del juego*. Es el mismo que en «El discurso del método» provoca que:

> ... al entrar en tu casa,
> sólo encuentres un sillón destruido, con un montón
> de libros rotos...» (p. 13)

Y aunque en el mismo poema se aclara que entonces era una policía «por el momento torpe», se aconseja «que te largues de una vez y para siempre». Es la policía que impide que los poetas cubanos sueñen «(ni siquiera en la noche)» (p. 17), a la que hay que dejar que «te rompan la página querida» (p. 28), la que arrastra al revolucionario fuera de su casa «a bofetadas» (p. 44), la que se encarga de que «los enemigos» salgan «al alba, a morir» (p. 45).

Como poeta al fin, el policía especializado que más cercano tenía Padilla, era el censor. Y a él le dedicó todo el poema que reproduzco a continuación:

Arte y oficio

*A los censores*

Se pasaron la vida diseñando un patíbulo
que recobrase —después de cada ejecución—
su inocencia perdida.
Y apareció el patíbulo,
diestro como un obrero de avanzada.
¡Un millón de cabezas cada noche!
Y al otro día más inocente
que un conductor en la estación de trenes,
verdugo y con tareas de poeta. (p. 81)

Otras veces la presencia de la policía se vuelve más sutil, como cuando en «El rigor académico» Padilla habla de

> ... esos dos críticos, vestidos de paisano,
> esperando al poeta. (p. 114)

Por otra parte, en Cuba se enseña en las escuelas que una isla es una porción de tierra rodeada de agua por todas partes. La vida enseña otro concepto análogo: que un cubano, en la Isla, es una porción humana rodeada de chivatos por todas partes. En efecto, los «chivatos» (o delatores) son la extensión apocalíptica de la policía política. En cada cuadra una o más familias se encargan de vigilar al resto de los vecinos e informar los pormenores de sus vidas a la policía. Igual sucede en los centros de trabajo o planteles de estudios, etc., etc., donde muchas veces se hacen pasar como contrarios al régimen. Y a este símbolo del poder dedica Padilla todo un poema:

Jinetes

En cualquier sitio se aparecen
aplicando sus tácticas comunes como los viejos
matrimonios en plena oscuridad.
Cambian de cara, de opinión, de recetas.
Están siempre en la onda.
Estos no necesitan ni contraseñas ni uniformes.
Les basta con una buena oreja y una boca. (p. 99)

Claro que esa infraestructura del terror no podría existir sin una cúpula del poder que le diera vida. Y ésta aparece debidamente retratada a todo lo largo del libro, como en estos versos:

Ya están quitando las barricadas de los parques.
Ya los asaltadores del poder están subiendo a la tribuna.
Ya el perro, el jardinero, el chofer, la criada
están allí aplaudiendo. (p. 14)

Y aunque siguiendo a veces la retórica de la supervivencia (el lenguaje burocrático de que hablara Rodríguez Monegal), Padilla llama héroes a los miembros de tal cúpula, deja constancia de que «modifican a su modo el terror» (p. 25) y nos imponen, como nuevos césares, la construcción de un imperio. Nótese la carga de ironía, el sabor amargo en la historia prevaleciente en el siguiente poema:

Cantan los nuevos césares

Nosotros seguimos construyendo el Imperio.

Es difícil construir un imperio
cuando se anhela toda la inocencia del mundo.
Pero da gusto construirlo
con esta lealtad
y esta unidad política
con que lo estamos construyendo nosotros.
Hemos abierto casas para los dictadores
y para sus ministros,
avenidas
para llenarlas de fanfarrias
en las noches de las celebraciones,
establos para las bestias de carga, y promulgamos leyes más espontáneas
que verdugos,
y ya hasta nos conmueve ese sonido
que hace la campanilla de la puerta donde vino a instalarse
el prestamista.
Todavía lo estamos construyendo
con todas las de la ley
con su obispo y su puta y por supuesto muchos policías.

(p. 58)

Una mención directa al tirano habría sido, como es lógico, suicida; pero Padilla, haciéndose eco de una frase del catalán Salvador Espriu (p. 91), deja a Fidel Castro retratada la opción impuesta por su antiguo amigo, a quien, incluso, se atreve aconsejar:

Para escribir en el álbum de un tirano

Protégete de los vacilantes,
porque un día sabrán lo que no quieren.
Protégete de los balbucientes,
de Juan-el-gago, Pedro-el-mudo,
porque descubrirán un día su voz fuerte.
Protégete de los tímidos y los apabullados,
porque un día dejarán de ponerse de pie cuando entres.

(p. 86)

## El medio y los modos de terror

Pero no son los personajes del poder, sino sus métodos y el medio que éstos crean, los que ocupan más espacio en la historia (en la trampa) y los versos de Padilla; una metodología del terror largo tiempo atrás cimentada

181

que alcanza, con el castrismo, niveles sin paralelo en la historia cubana. Pero no es un terror al descubierto, sino ese terror maquillado de demagogia, de consignas que tratan de dar una imagen de convencimiento cuando en realidad su único respaldo es la obligatoriedad. El poema con que abre *Fuera del juego,* amén de su calidad poética, es un claro ejemplo de los afeites del terror. Se titula «En tiempos difíciles» y describe cómo a un hombre le son pedidos, uno a uno, todos sus órganos vitales, para la revolución (incluida –¡no podía faltar!– la lengua). El final del poema (de las «donaciones"), lo dice todo:

> Y finalmente le rogaron
> que, por favor, echase a andar,
> porque en tiempos difíciles
> ésta es, sin duda, la prueba decisiva. (p. 12)

Para que se adaptase a esos nuevos tiempos (y pasase la prueba decisiva), Padilla es conminado no solamente por el poder, sino hasta por sus propios amigos (p. 26), quienes él teme «se hayan vuelto definitivamente sordos» (p. 18) en un medio en que:

> ... todo el mundo salta,
> se inclina,
> retrocede,
> sonríe,
> abre la boca
>
> > «pues sí,
> > claro que sí,
> > por supuesto que sí...»
>
> y bailan todos bien,
> bailan bonito,
> como les piden que sea el baile. (p. 48)

Con gran carga de ironía, el propio poeta se atreve a dar «instrucciones» para ingresar en esa «nueva sociedad» de que hablaban, unánimemente, todos los medios masivos de comunicación:

> Lo primero: optimista.
> Lo segundo: atildado, comedido, obediente.

182

(Haber pasado todas las pruebas deportivas).
Y finalmente andar
como lo hace cada miembro:
un paso al frente, y
dos o tres atrás:
pero siempre aplaudiendo. (p. 63)

Y lo más terrible es que el autor no encuentra escapatoria para esos tiempos difíciles:

Siempre, más allá de tus hombros
(es algo que ya nunca podremos evitar)
hay una lista de desaparecidos,
hay una aldea destruida,
hay un niño que tiembla.

(«En lugar del amor», p. 40)

Para Padilla, en ese medio, tal parece que no hay lugar para el poeta:

Los poetas cubanos ya no sueñan
(ni siquiera de noche).
Van a cerrar la puerta para escribir a solas
cuando cruje, de pronto, la madera... (p. 17)

Un medio que determina una *Poética* nada comparable con las preceptivas conocidas hasta entonces:

Di la verdad.
Di, al menos, tu verdad.
Y después
deja que cualquier cosa ocurra:
que te rompan la página querida,
que te tumben a pedradas la puerta,
que la gente
se amontone delante de tu cuerpo
como si fueras
un prodigio o un muerto. (p. 28)

Y Padilla dice la verdad (al menos, su verdad), unas veces de manera directa, otras recurriendo al manido método del cambio de tiempo o espacio.

Una dedicatoria a Julius Fucik y otra a Yannis Ritzos, tratan de disfrazar dos de los mejores momentos del libro (precisamente el poema dedicado al autor griego da nombre al poemario), piezas donde el método del terror aparece en toda su espeluznante dimensión. Pero también donde la resistencia a ese terror, hace del hombre un Hombre, pues

> Aunque lo hagan echar espuma
> por la boca,
> él lucha, él vive,
> él preña a sus mujeres,
> contradice la muerte a cada instante. (p. 29)

## La ideología del terror

Pero todos esos símbolos, métodos y medios del terror, no habrían podido existir sin una ideología que les sirviese de base, apoyo y justificación; una ideología basada en un dogma incuestionable que extendiese tal característica al poder mismo. Esa ideología–por razones todavía discutidas por los especialistas del castrismo– sería el marxismo-leninismo en su fase estalinista, cuerpo de dogmas con fuerza legal donde la infalibilidad de sus apóstoles oficiales empequeñecería a sus antecesores bíblicos o coránicos.

Pero esa ideología incuestionable sería cuestionada por Padilla a todo lo largo de su libro. En efecto, tan sólo el atrevimiento de historiar «fuera del juego» el propio sistema, deja al lector con más preguntas que respuestas, con más dudas que certidumbres. El saldo general de tal fresco del espanto sangra ideología por todas las páginas del poemario. Y unas veces de manera indirecta, otras con sarcasmo y la mayoría del tiempo (de la trampa) de manera directa, la herejía del poeta no deja lugar a dudas. Para Padilla, no hay tal infalibilidad:

> Nosotros, hijos y nietos ya de terroristas melancólicos
> y de científicos supersticiosos,
> que sabemos que en el día de hoy está el error
> que alguien habrá de condenar mañana. (p. 16)

Conceptos claves del nuevo dogma, tales como «lucha de clases» y «leyes de la dialéctica» son incluso caricaturizados con la mayor «irrespetuosidad» –diríase que sacrilegio– como en el poema en que recomienda a una vieja burguesa que se acueste con un becado:

184

Quémese en el proceso, gata o alción; no importa.
Meta a un becado en la cama.
Que sus muslos ilustren la lucha de contrarios.
Que su lengua sea más hábil que toda la dialéctica.
Salga usted vencedora de esta lucha de clases. (p. 22)

Semejante mofa sólo podía interpretarse en la Cuba de Castro como el equivalente de un poema medieval caricaturizando las indulgencias eclesiásticas o el mercadeo de reliquias–un claro aspirante a la hoguera. Pero Padilla fue más allá: ni siquiera el propio Profeta escapa a las «irreverencias» del poeta:

Nosotros somos
el proyecto de Marx, el hedor de los grandes cadáveres
que se pudrían
a la orilla del Neva
para que un dirigente acierte o se equivoque... (p. 51)

Los famosos «Manuales Marxistas» (las biblias o los coranes de nuevo cuño) tampoco se libran del «sacrilegio»:

Miradas nuevas a través de viejas cerraduras

Por el ojo de la cerradura otra vez veo
al ideólogo triste con su lengua de nylon,
la torpeza arrogante del Manual de Marxismo
que resplandece como un misal,
la mirada impaciente de los verdugos
y la flor pequeñísima, áspera
de la alegría de los poemas.

Y después viene lo más difícil:
la estrategia, las tácticas
para entreabrir la puerta. (p. 92)

En otro poema puede leerse lo siguiente:

Tirando su manual
de marxismoleninismo
mi compañera de viaje
se levanta de pronto en el vagón

y saca la cabeza por la ventana
y me grita que por allí va la Historia
que ella misma está viendo pasar
una cosa más negra que una corneja
seguida de una peste solemne
como un culo de rey. (p. 111)

Y aquí se cae de lleno en una de las más sacrílegas herejías ideológicas de Padilla en este libro: su concepto de la historia y el tiempo:

¡Levántate, miedoso,
y vuelve a tu agujero como ayer, despreciado,
inclinando otra vez la cabeza,
que la Historia es el golpe que debes aprender a resistir.
La Historia es este sitio que nos afirma y nos desgarra.
La Historia es esta rata que cada noche sube la escalera.
La Historia es el canalla
que se acuesta de un salto también con la Gran Puta. (p. 59)

En cuanto al concepto implícito de tiempo en todos los poemas del libro, en la propia Declaración de la UNEAC se ataca a Padilla de haber «manifestado su idea del tiempo como un círculo que se repite y no como una línea ascendente» (p. 59). La «peligrosidad» de tal aseveración se torna casi risible en cualquier país normal. En la Cuba apostática y moscovita del castrismo ello significaba atacar uno de lo más sagrados pilares del dogma político: el concepto de tiempo del Profeta, según el cual era «científica-mente» imposible sentir hoy «el horror/ y hasta el remordimiento de pasado mañana» (p. 51). Quién quita si solamente porque el concepto de remordi-miento no existe en la jerga marxista.

## El internacionalismo del terror

En la ya citada Declaración de la UNEAC, se acusa a Padilla de tratar «de justificar, en un ejercicio de ficción y enmascaramiento, su notorio ausentismo de su patria en los momentos difíciles en que ésta ha enfrentado al imperialismo...» (p. 61). Lo que no aclara dicha Declaración es que tal notoria ausencia obedecía al hecho de que Padilla se encontraba en el exterior en funciones del propio Gobierno Cubano, o relacionadas de alguna forma con su política. Durante ese tiempo fuera de Cuba que se le recrimina, Padilla estuvo residiendo, mayormente, en países del bloque soviético, donde escribió algunos de los poemas luego recogidos en *Fuera del juego*.

Estos poemas completan la visión histórica del totalitarismo internacional de su época. En efecto, a su versión tropical (colonial) cubana, adiciona la versión europea (igualmente colonial) y hasta de metrópoli. Nos hablan de una paz en Budapest que es una inmoralidad (p. 53), de la bolsa negra moscovita de artículos occidentales (p. 53), de estados de sitio en que «Y el coraje, ¿qué es sin una ametralladora?» (p. 56) y de un abedul de hierro donde:

> ... están todas las guerras,
> todo el horror,
> toda la dicha.
> Un abedul de hierro
> hecho a prueba de balas y de siglos.
> Un abedul que sueña y gime.
> Todos los muertos que hay en Rusia
> le suben por la savia. (p. 66)

El internacionalismo del terror queda retratado en poemas tales como la canción de la torre Spáskaya, en que su guardián

> No sabe
> que sobre el pavimento
> aún persiste la huella
> de las ejecuciones. (p. 70)

En sus funciones de revolucionario en el extranjero, Padilla se hizo «culto en los más oscuros crímenes de Stalin» (p.73), aprendió a descifrar que el lector moscovita del diario oficial era «un experto en la credulidad de nuestro tiempo este reconcentrado» (p. 80) y llega a preguntarse que

> Si Maiacovski era
> la gran poesía revolucionaria de nuestra época y en medio de su
> Revolución
> coge un revólver y se pega un tiro, ¿quiere decir
> que toda la
> poesía tiene que armarse para una hora decisiva tiene que
> hacerse extensión, comentario feroz de algún suicidio? (p. 109)

Para concluir luego:

Pero, ¿qué pasa en realidad?
Los maestros se suicidan o se hacen cautelosos, nos obligan a
leer entre líneas,
se vuelven listos en su pasión.
Y uno tiene los más negros presentimientos.
Porque en las tumbas no sólo yacen sus cadáveres, sino
gente cifrada que están a punto de estallar.
Todos los días nos levantamos con el mundo;
pero en las horas menos pensadas hay un montón de tipos
que trabajan contra tu libertad, que agarran
tu poema más sincero y te encausan. (p. 110)

Los «tontos útiles» también tienen su lugar en la muestra del internacionalismo del terror. «Viajeros» –uno de los mejores poemas del libro– describe con sarcasmo la historia «no oficial» de los intelectuales (e intelectualoides) para quienes Cuba se hizo meca sagrada del «antimperialismo» de la década del 60. Y Padilla escribe sobre ellos con todo conocimiento de causa: en definitiva él (y así lo confiesa) era uno de los «nativos» que hacían «gracias» a los turistas de la demagogia; una fase más de nuestra degradación nacional que, aunque desconocida por Carlos Rangel, muy bien que pudiera ilustrar la conversión particular del cubano del buen salvaje al buen revolucionario.

## Las víctimas del terror

Aunque *Fuera del juego* es un libro de historia, los perdedores ocupan un lugar prominente. A veces se trata de una simple alusión, o una dedicatoria. Otras veces el autor aprovecha experiencias universales para exaltar figuras de otros medios que bien pueden representar ejemplos locales. Pero en todos los casos la balanza se inclina a favor de los de abajo.

Por ejemplo, en «A J.L.L» (que todos interpretamos como A José Lezama Lima), Padilla cuenta haberse detenido en la puerta del autor de *Paradiso*

para advertirle
que la refriega contra usted ya había comenzado... (p. 30)

De Antonia Eiriz hace casi una apología, destacando

... esos demagogos que ella pinta,
que parece que van a decir tantas cosas

y al cabo no se atreven a decir absolutamente nada. (p. 32)

Huidobro, Drummond, y otros, desfilan nombrados en un país donde eran poco menos que innombrables (a las no-personas les corresponden in-nombres por denominación). Pero en este nombrar –incluso sin nombres– Padilla llegó a la osadía de presentar a suicidas innombrables como Calvert Casey.

Los nombres de Julius Fucik y Yannis Ritzos están entre los ejemplos universales con connotaciones locales y las imágenes de los amigos no identificados no pueden sino inspirar al menos lástima.

Pero es el cubano, en su más universal representación de ser humano, la víctima del terror más representado, ya sea un loco perseguido, un poeta (¿hay redundancia?) o esos niños que siempre son los que se alejan (p. 38). En todo caso Padilla pide que lo amen «por favor, que es el herido/ que redactaba tus proclamas» (p. 44). El pensamiento del poeta va a los con-denados a muerte, a los que intentan huir del país (p. 45), a los que se niegan a ser parte del «espectáculo» (p. 48). He aquí un claro ejemplo:

Bajorrelieve para los condenados

> El puñetazo en plena cara
> y el empujón a medianoche son la flor de los condenados.
> El *vamos, coño, y acaba de decirlo todo de una vez,*
> es el crisantemo de los condenados.
> No hay luna más radiante
> que esa lápida enorme que cae de noche entre los condenados.
> No hay armazón que pueda apuntalar huesos de condenado.
> La peste y la luz encaramadas como una gata rodeando la mazmorra;
> todo lo que lanzó la propaganda
> como quien dona un patíbulo;
> el *Haga el amor no haga la guerra*
> (esos lemitas importados de Europa)
> son patadas en los testículos de los condenados.
> Los transeúntes que compran los periódicos del mediodía
> por pura curiosidad, son los verdugos de los condenados.      (p. 67)

La falta de solidaridad con las víctimas del terror a que alude Padilla en los últimos versos del poema anterior, es uno de los temas más desarrollados en su presentación de tales víctimas. Y pregunta al lector:

189

¿Admira al perseguido, al héroe
que se abre bajo el fuego graneado del combate,
al recluso que rompe las paredes
que lo separan de la primavera,
al que tiene una historia que contar
—una historia que ocultar— y no la oculta,
...
al poeta sin apoyo oficial
que se acerca a una mesa y rompe el grupo de los
contentísimos?

Si no a esta gente, ¿a quién (señor, señora)
admira usted? (p. 95)

## Los pasos de conga leninista

Increíblemente, Padilla no fue encarcelado en ese momento. Pero de sobra sabía que había llevado la «tolerancia» castrista de entonces hasta su punto máximo. De ahí que, siguiendo la técnica leninista de dos pasos adelante y uno hacia atrás, decide aceptar una «invitación» de la UNEAC (según Cabrera Infante) para responder a este último las denuncias anticastristas en que el autor de *Tres tristes tigres* había convertido una entrevista otorgada a la revista *Primera Plana*.

El texto de Padilla parece inequívoco. Su espíritu aparente contradice por completo al de *Fuera del juego,* haciéndose eco de epítetos y frases hechas acuñados previamente por la propaganda oficial cubana. Pero aquí y allá, oculto en medio de la hojarasca demagógica (el lenguaje de la supervivencia), los lectores cubanos de entonces vimos algunas cosas que se le habían escapado a los lectores europeos:

En primer lugar que Padilla se atrevía a citar parte de la entrevista que atacaba. Ello en cualquier país del mundo resulta lógico, pero en la Cuba castrista ni siquiera para refutar se pueden citar (es decir, publicar) textos «contrarrevolucionarios» (de ahí que muchos artículos críticos aparecidos en la prensa cubana carezcan de sentido en el momento de su publicación para el lector criollo, desconocedor de por qué se ataca a quién). Sin embargo, gracias a la respuesta de Padilla, los ávidos lectores cubanos pudieron tener contacto directo –aunque fuese fragmentado– con las declaraciones de Cabrera Infante.

Pero, además, las razones de por qué el valiente autor de *Fuera del juego* se prestaba a semejante negación de su propia obra, estaba a la vista de todos: cuando le recuerda a Cabrera Infante sus declaraciones de igual corte... estando en La Habana. Ahora, simplemente, era Padilla quien estaba en esa situación y con *Fuera del juego* premiado o, en caso de que la carta haya sido escrita en septiembre –como dice Cabrera Infante– compitiendo en el concurso de la UNEAC.

En todo caso, y en sutilísimo juego político, Padilla declara que los contrarrevolucionarios son los que han entrado «en el juego» (p. 66), por lo que reafirma su concepto de revolucionarios para quienes están entonces «fuera del juego"; es decir, los que mantienen la postura política promulgada por su libro y son considerados oficialmente contrarrevolucionarios. Todo este galimatías es analizado por Cabrera Infante con la agudeza y el humor que le son característicos:

> ¿No será que la palabra contrarrevolución se usa en Cuba como decía Jarry que usaban los filósofos la metafísica: para hacer *invencible* lo *invisible*? (¿O será tal vez para hacer *vencible* lo *visible*?)* (p. 70)

Luego de este «paso atrás» en la conga leninista, Padilla al parecer perdió el compás y siguió dando demasiados pasos adelante. Resultaba que los «turistas de la demagogia» no eran todos tan demagogos y las «gracias» de Padilla no eran ya tan graciosas. Sus comentarios políticos a intelectuales de visita en el país seguían estando «fuera del juego». Y esos comentarios salían luego publicados en artículos, entrevistas y hasta en algún que otro libro. Dicen que resultó particularmente molesta al propio Castro una foto de Padilla publicada en el extranjero donde aparecía otorgando una entrevista mientras se fumaba un tabaco habano, pues esa imagen (la conjunción de la política con el tabaco cubano) sólo le pertenecía a él. (De Churchill ya no quedaban ni las cenizas... de sus habanos). Desconozco si la anécdota es cierta o no; pero poco después Padilla tendría la experiencia personal del *vamos, coño, y acaba de decirlo todo de una vez* que había historiado.

La encarcelación de Padilla en 1971 provocó la mayor crisis de carácter internacional que, sin cohetes, había afrontado el castrismo hasta entonces. Cierto que ésta no involucraba a ningún gobierno u organización internacional; pero los personajes envueltos en la misma constituían, para la imagen pública de la Revolución Cubana, elementos mucho más importantes que la OEA –de donde había sido expulsado el Gobierno Cubano– o los viejos regímenes vecinos que habían roto relaciones diplomáticas con La Habana casi una década antes.

El detonante de tal crisis fue el hecho de que tan pronto como se supo en Europa la noticia del arresto, los turistas-de-la-demagogia-que-no-lo-eran-tanto se movilizaron de conjunto a fin de demostrar su solidaridad con su otrora anfitrión habanero y presionar al Gobierno Cubano para que lo liberara. La carta abierta a Fidel Castro que publicara originalmente el diario francés *Le Monde,* aglutinó a lo más representativo no sólo de la intelectualidad europea de entonces, sino de la izquierda intelectual internacional; creadores que, casi en su totalidad, habían respaldado a la Revolución Cubana públicamente y le habían dado el «espaldarazo» de su presencia en La Habana. Firmaron la misiva, entre otros, Jean-Paul Sartre y Simone de Beauvoir, Marguerite Duras, Italo Calvino, Francesco Rossi, José María Castellet, Carlos Barral y otros europeos. Por el lado latinoamericano aparecían las firmas de Julio Cortázar, Gabriel García Márquez, Mario Vargas Llosa, Carlos Fuentes, Octavio Paz y otros. Luego, desde México, el PEN Club de ese país se uniría al esfuerzo y demostrarían su solidaridad con Padilla creadores de la talla de Juan Rulfo, José Emilio Pacheco, Carlos Pellicer, José Revueltas, etc. Resulta interesante anotar que en la carta original de *Le Monde* aparece un solo cubano: Carlos Franqui, cercano colaborador del propio Castro en la Sierra Maestra y quien había jugado un papel decisivo en el acercamiento de tal intelectualidad a la Revolución Cubana.

Pero si el cúmulo y puntal de las firmas era agobiante, más lo era el lenguaje utilizado. En efecto, quienes habiéndolo respaldado previamente se enfrentaban ahora al castrismo, lo hacían desde una postura revolucionaria, con lo que implícitamente dejaban a éste en la posición contraria; es decir, de contrarrevolucionario (recuérdese que el mundo de la izquierda es, por lo general, en blanco y negro). Para hacer «vencible lo visible» (ver Cabrera Infante), los firmantes de la carta de *Le monde* ponen al propio Castro en el bando sectario que éste había tenido que vencer en su lucha por el poder absoluto y, a manera de punto de comparación y/o respaldo, se refieren en dos oportunidades al Che Guevara –ya mitificado– y su «derecho de crítica dentro del seno de la Revolución» (p. 74). En caso de no producirse la excarcelación de Padilla, los firmantes veladamente amenazan a Castro de «repercusiones sumamente negativas entre las fuerzas anti-imperialistas del mundo entero» (p. 74) que ellos representaban, al tiempo que dejan implícito su distanciamiento del Castro de ese momento al reafirmar «nuestra solidaridad con los principios que inspiraron la lucha en la Sierra Maestra» (p. 74) ya más que olvidados.

De esta forma, el precio a pagar por el castigo al autor de *Fuera del juego* se tornó demasiado alto para el castrismo. Los firmantes de la carta constituían la más importante y extensa cabeza de playa propagandística de la Revolución Cubana en el mundo entero–y gratuita. Perderla significaba para Castro igualarse, inexorablemente, al resto de los dictadores latinoamericanos, de quienes pretendía, por el contrario, aparecer como antítesis. Su imagen pública internacional –quizás su único logro verdadero, además de su permanencia vitalicia en el poder– amenazaba con quedar reducida a añicos de historia. Pero la solución a situaciones como ésta ya habían sido previstas largo tiempo atrás por el totalitarismo.

El método es bien simple: la claudicación pública, en forma de autocrítica, por parte del sujeto centro de la polémica. Así, una vez «pasado» éste al bando de sus acusadores, deja a sus defensores sin basamento alguno –en el limbo ideológico– con lo que quedan sin efecto sus razones. Este tipo de «solución» –cuyas raíces se remontan al medioevo– no era nada nuevo en la Cuba castrista. Consiste en un contrato verbal, casi siempre entre el propio Castro y la víctima, mediante el cual el primero se compromete a respetar la vida y/o libertad del segundo a cambio de que éste se declare públicamente en contra de sí mismo, reconociendo como verdaderos todos los cargos previamente preparados en su contra. Y todo ello matizado con el mayor número de alabanzas posibles a quienes le brindan la «oportunidad» de «reconocer sus errores», etc., etc. La segunda parte del contrato no siempre es cumplida (el más reciente ejemplo de tales incumplimientos podría ser el del general Arnaldo Ochoa), pero, en sentido general, el instinto de conservación y la responsabilidad por las vidas y/o libertades de otros incluidos en el contrato (familiares, amigos, etc.), hacen que las víctimas decidan optar por la única posibilidad que, exceptuando la auto-inmolación, brindan para ellos en ese momento las mazmorras de la Seguridad del Estado. Aunque no siempre tales farsas producen el resultado previsto.

## El síndrome de Galileo

Los últimos arreglos de la representación tuvieron lugar –según cuenta el propio Padilla en sus memorias– en la casa de Lezama Lima. Y claro que no porque la Seguridad del Estado careciese de otro lugar mejor, sino porque la única forma de evitar que el autor de *Paradiso* la denunciara luego, era haciéndolo copartícipe forzado de su preparación. Sin embargo, ni él ni Nicolás Guillén estuvieron presentes en lo que éste último calificó desde un principio como una farsa.

Aunque uno de los objetivos básicos de la reunión era hacerla «vendible» como espontánea, ni siquiera sus más concienzudos preparadores y ejecutores pudieron lograr esa imagen. Ya en las palabras iniciales, José Antonio Portuondo, al tratar de justificar la ausencia de Guillén, aclaraba que éste «está enterado de todo lo que estamos haciendo aquí y de todo lo que aquí se va a decir» (p. 78). ¿Cómo es posible que Guillén se enterase de lo que espontáneamente se iba a decir en aquella reunión si todavía no se había dicho? Por otra parte, si allí Padilla iba a improvisar una autocrítica, ¿cómo es que terminó «improvisando» un texto semejante al de la carta que supuestamente había escrito en la Seguridad del Estado solicitando «el perdón» a sus «pecados"? (Hablando de esa carta en sus memorias, el mismo Padilla da la respuesta a esta última pregunta: «Aunque más breve, es, básicamente, el mismo texto que debí memorizar y que, casi al pie de la letra, recité en la Unión de Escritores según las instrucciones de la Policía» (p. 195).

El texto de la «auto-crítica» de Padilla es clásico del «género». En ella el poeta reconoce haber cometido «muchísimos errores, errores realmente imperdonables, realmente censurables, realmente incalificables» (p. 79) y presenta la temida y temible Seguridad del Estado como poco menos que un lugar paradisíaco, donde reconoce «haber aprendido en la humildad de estos compañeros, en la sencillez, en la sensibilidad, el calor con que realizan su tarea humana y revolucionaria» (p. 84). Padilla logra hasta enternecerse ante aquellos soldados «cumpliendo cabalmente con su responsabilidad, con un afecto, con un sentido de humanidad, con una constancia en su preocupación por cada uno de nosotros...» (p. 101).

Según la «auto-crítica» de Padilla, la Seguridad del Estado de Cuba, a diferencia de sus homólogas de todas partes del mundo, ni siquiera interroga a sus ¿encarcelados o huéspedes?. Véase este ejemplo:

> Son increíbles los diálogos que yo he tenido con los compañeros con quienes he discutido. ¡Qué discutido! Esa no es la palabra. Con quienes he conversado. Quienes ni siquiera me han interrogado, porque esa ha sido una larga e inteligente y brillante y fabulosa forma de persuasión inteligente, política, conmigo. Me han hecho ver claramente cada uno de mis errores. Y por eso yo he visto cómo la Seguridad no era el organismo férreo, el organismo cerrado que mi febril imaginación muchas veces, muchísimas veces imaginó, y muchísimas veces infamó; sino un grupo de compañeros esforzadísimos... (p. 103)

A esos «compañeros esforzadísimos» Padilla les agradece «la gentileza en muchas ocasiones de llevarme a tomar el sol» (p. 86) y hasta habla de un grupo de niños jugando en paisaje casi pastoril. Esto no sé cómo es que escapó a los censores, como no sea que les gustara la imagen para su venta internacional. Pero en Cuba ello no era más que un buen chiste cruel. Unos dos años después que Padilla, yo tuve la oportunidad de ser un «huésped» más del G-2, y los «baños de sol» consistían en 10 minutos a la semana en una estrecha celda con una reja por techo. Allí uno trataba de «pescar», como un animal enfermo, el poco sol que la estrechez de la celda y sus altos muros dejaban pasar. Y si por casualidad en ese momento el sol se nublaba, no quedaba otra alternativa que esperar hasta la próxima «gentileza"–que es decir, hasta los próximos 10 minutos la semana siguiente.

No es de extrañar entonces que, siguiendo con el «chiste», Padilla renegara de *Fuera del juego* e involucrara en sus «errores» a otros escritores tales como Belkis Cuza Malé (su propia esposa), Pablo Armando Fernández, Norberto Fuentes, César López, José Yanes, David Buzi, Manuel Díaz Martínez, y hasta a Lezama Lima. Sin embargo, es de destacar que en tal auto-crítica –pese a lo que algunos creyeron en esa época– Padilla no denunció a nadie. Ya para ese entonces todos los nombrados –y muchos más– estaban más que denunciados, cercados, perseguidos. En última instancia Padilla, aunque siguiendo un riguroso libreto, lograba proteger de alguna forma a los nombrados, al hacerlos copartícipes de su auto-crítica sin tener necesidad de «disfrutar» de la Seguridad del Estado como había sido su caso.

Y como es lógico, no podía faltar alguna mención al «Máximo Líder»: «Y no digamos las veces que he sido injusto e ingrato con Fidel, de lo cual realmente nunca me cansaré de arrepentirme» (p. 89).

El texto completo de la «auto-crítica» es muy extenso, lleno todo de ridiculeces y lugares comunes, pero Padilla (no sé si dentro o fuera del libreto) deja constancia de que «la mayoría de nuestros escritores y de nuestros artistas» (p. 80) están en contra del cas-trismo, entre los cuales «si no ha habido más detenciones hasta ahora, si no las ha habido, es por la generosidad de nuestra Revolución» (p. 93) mencionando en el mismo párrafo la posibilidad de ser éstos enjuiciados por tribunales militares–con todas las implicaciones de semejantes juicios donde las balas juzgan versos.

Los otros escritores hicieron, según Padilla en sus memorias, sus papeles a la perfección. El único que habló extensamente «fuera de libreto» –pues desconocía su mera existencia– fue el haitiano René Depestre, lo cual le costaría su empleo en Radio Habana y no pocos esfuerzos para poder salir del país con su familia.

La «operación» de la Seguridad fue todo un éxito. Y hasta dícese que el propio Fidel Castro la presenció en su totalidad–gracias a la filmación que particularmente para él se había hecho– dándole su aprobación. Luego de recibir tal visto bueno, Prensa Latina se encargó de transmitir a todo el mundo casi todo lo dicho por Padilla en la reunión, con la esperanza de recibir a cambio la noticia del fracaso de «los enemigos» que habían tratado de hacer del caso Padilla un «medio de propaganda imperialista». ¿Acaso no había terminado Padilla su «auto-crítica» con la sacra consigna «Patria o Muerte. Venceremos» con que, imitando al Comandante en Jefe, cerraban todos los revolucionarios sus discursos? Pero, hasta donde tengo conocimiento, solamente Cortázar y García Márquez «rectificaron» sus puntos de vista y fueron luego debidamente «perdonados». Para al resto no bastó la consigna mítica, pues ya lo había señalado Unamuno: una cosa es vencer, y otra convencer.

## El revés de la máscara

La intelectualidad izquierdista firmante de la carta de París no podía ver, por su inexperiencia de vida vivida bajo un régimen totalitario, el verdadero rostro del colega envilecido en la reunión de la UNEAC. Pero lo burdo del libreto, la «perfección» del tinglado y lo «oportuno» de su tiempo de representación, hacían imposible para ninguna persona pensante el creerse el mea culpa ideológico resultante de semejante puesta en ridículo. Bastó a los intelectuales revolucionarios de entonces un atisbo de la imagen reflejada en el revés de la máscara con que Padilla se presentó ante sus compañeros –y ante el mundo– aquella noche, para percatarse de todo el horror, de toda la angustia que transpiraban las muecas allí reflejadas. Al tiempo que las autoacusaciones se hacían más fluidas, tras la máscara sólo se escuchaba el balbucir del miedo, el crepitar de la maquinaria de tortura del G-2. Y, en contra de todo lo previsto por los estrategas del Partido, la reacción de aquella intelectualidad izquierdista fue de un inmediato rechazo a la bien aceitada «auto-crítica».

La segunda carta de los intelectuales europeos y latinoamericanos a Fidel Castro, apareció casi un mes después de la reunión de la UNEAC. En ésta no se le llamaba a su destinatario «Primer Ministro del Gobierno Revolucionario» –como en la primera– sino «Primer Ministro del Gobierno Cubano». El cambio del calificativo por el gentilicio es más que significativo. Y el texto no podía ser más duro:

Creemos un deber comunicarle nuestra vergüenza y nuestra cólera. El lastimoso texto de la confesión que ha firmado Heberto Padilla sólo puede haberse obtenido por medio de métodos que son la negación de la legalidad y la justicia revolucionarias. El contenido y la forma de dicha confesión, con sus acusaciones absurdas y afirmaciones delirantes, así como el acto celebrado en la UNEAC, en el cual el propio Padilla y los compañeros Belkis Cuza, Díaz Martínez, César López y Pablo Armando Fernández se sometieron a una penosa mascarada de autocrítica, recuerda los momentos más sórdidos de la época stalinista, sus juicios prefabricados y sus cacerías de brujas. (p. 123)

Más adelante, los intelectuales izquierdistas hablan de «oscurantismo dogmático», «xenofobia cultural» y «sistema represivo» en referencia a la situación en Cuba, términos estos todos que hasta entonces sólo había utilizado la más reconocida derecha para referirse al castrismo. Y concluye la misiva:

> El desprecio a la dignidad humana que supone forzar a un hombre a acusarse ridículamente de las peores traiciones y vilezas no nos alarma por tratarse de un escritor, sino porque cualquier compañero cubano –campesino, obrero, técnico o intelectual– pueda ser también víctima de una violencia y una humillación parecidas. Quisiéramos que la Revolución Cubana volviera a ser lo que en un momento nos hizo considerarla un modelo dentro del socialismo. (p. 123)

Los nombres de todos los firmantes de la primera carta, así como de aquéllos que se habían sumado a la segunda (tales como Claribel Alegría, José Agustín, Juan y Luis Goytisolo, Carlos Monsiváis, Pier Paolo Pasolini, Nathalie Sarraute, Alain Renais y otros) fueron a engrosar la ya de por sí bastante gruesa lista de autores cuyas obras estaban prohibidas en Cuba. Pero no fue ésa ni mucho menos la única consecuencia de *Fuera del juego* y el caso Padilla.

En efecto, a fin de legalizar la ya nada ocultable línea estalinista del Gobierno Cubano, se celebró el llamado Primer Congreso Nacional de Educación y Cultura donde los educadores y artistas cubanos aprobaron por unanimidad (la única modalidad de votación conocida en Cuba desde hace mucho tiempo) los nuevos lineamientos de la política cultural cubana todavía vigentes, mediante los cuales se garantiza la imposibilidad de nuevos casos como el analizado aquí. La última vuelta a la tuerca estaba dada, donde el último tramo de asfixia pública correspondió, en nada envidiable privilegio, a Padilla. A partir de entonces se recrudecería la vigilancia y represión del estamento intelectual cubano a niveles nunca conocidos en el país; pero sus pormenores serían del todo desconocidos fuera de Cuba. El número de no-personas sería incrementado sustancialmente con la implicación de ser entonces también escritores no-escritores que, marginados, sólo podían optar por el extraño método de «publicación» en los voluminosos archivos de la Seguridad del Estado. En ese sentido, *Fuera del juego* y el consiguiente «caso Padilla» serían un fracaso.

Pero, conviviendo con ese fracaso cultural, no puede ocultarse un éxito político de dimensiones increíbles. Este viene dado por el descrédito del castrismo ante la intelectualidad revolucionaria internacional que hasta entonces había constituido la punta de lanza propagandística del régimen totalitario de La Habana en el resto del mundo. Y particularmente por haber puesto en la mira de tales intelectuales aspectos más allá del propio libro y su consecuente desarrollo represivo. Dice al respecto José Ángel Valente:

> El caso Padilla no agota su gravedad en sí mismo. Atenerse demasiado a él pudiera ser un modo de servir los burdos intereses de una política que recurre a la invención de demonios para ocultar o descargar sus demasiado reales tensiones. Los problemas de Cuba son manifiestos. Su no solución ha obligado al Gobierno a opciones poco concordes con la imagen que la Revolución cubana había dado de sí misma. La desilusión consiguiente no es sólo europea, aunque así se pretenda desde La Habana, y no es de orden cultural, sino político. La acumulación de opciones políticamente regresivas ha ido deformando la imagen de la Revolución cubana en beneficio de un esquema, cada vez más visible, de sociedad represiva. Este es el contexto a cuya gravedad total nos remite la particular gravedad del caso Padilla (p. 130).

A partir de *Fuera del juego* y su ulterior desarrollo orweliano, la imagen exterior del castrismo no sería la misma que comenzara a construir *The New York times* en tiempos de la Sierra Maestra y que había sido perfeccionada por la intelectualidad revolucionaria internacional en los años subsiguientes. Cierto que aún la máscara estaba en pie, con sus debidos afeites de luchas justas y esperanzas comunes; pero aunque esa misma comunidad internacional de intelectuales revolucionarios no lograra ver el verdadero rostro del castrismo (por las mismas razones que le impidieron ver el de Padilla durante su auto-crítica), su atisbo del revés de la máscara fue más que suficiente para aterrarlos, porque allí, como en una mueca de espejo de feria, los sorprendió, satisfecha y sonriente, una vieja y conocida trampa.

# Bibliografía

Cabrera Infante, Guillermo. «La confundida lengua del poeta». *Primera plana.* No. 316. Enero 20, 1969. Apud Casal, Lourdes.

Casal, Lourdes. *El caso Padilla: Literatura y revolución en Cuba. Documentos.* Miami: Ediciones Universal, ¿1972?

Padilla, Heberto. *Fuera del juego.* Miami: Editorial S.I.B.I., s. f.

_____. «Respuesta a Guillermo Cabrera Infante». *Primera plana.* No.313 Diciembre 24, 1968. Apud Casal, Lourdes.

_____. «Intervención en la UNEAC el martes 27 de abril de 1971". *Casa de las Américas.* Año XI, No. 65-66. Marzo-Junio, 1971. Apud Casal, Lourdes.

_____. La mala memoria. Madrid: Plaza & Janés, 1989.

Valente, José A. «Cuba: Dogma y Ritual». *Triunfo.* No. 472, 19 de junio, 1971. Apud Casal, Lourdes.

**Documentos:**

«Acta del Jurado de Poesía». Apud Casal, Lourdes.

«Declaración de la UNEAC». Apud Casal, Lourdes.

«Primera Carta de los intelectuales europeos y latinoamericanos a Fidel Castro». Apud Casal, Lourdes.

«Segunda Carta...» Apud Casal, Lourdes.

# LIBROS PUBLICADOS POR EDICIONES UNIVERSAL EN LA COLECCIÓN CLÁSICOS CUBANOS:

011-9 ① ESPEJO DE PACIENCIA, Silvestre de Balboa
(Edición de Ángel Aparicio Laurencio)

012-7 ② POESÍAS COMPLETAS, José María Heredia
(Edición de Ángel Aparicio Laurencio)

026-7 ③ DIARIO DE UN MÁRTIR Y OTROS POEMAS,
Juan Clemente Zenea (Edición de Ángel Aparicio Laurencio)

028-3 ④ LA EDAD DE ORO, José Martí
(Introducción de Humberto J. Peña)

031-3 ⑤ ANTOLOGÍA DE LA POESÍA RELIGIOSA DE LA
AVELLANEDA, Florinda Álzaga & Ana Rosa Núñez (Ed.)

054-2 ⑥ SELECTED POEMS OF JOSÉ MARÍA HEREDIA IN ENGLISH
TRANSLATION, José María Heredia
(Edición de Ángel Aparicio Laurencio)

140-9 ⑦ TRABAJOS DESCONOCIDOS Y OLVIDADOS DE JOSÉ MARÍA
HEREDIA, Ángel Aparicio Laurencio (Ed.)

0550-9 ⑧ CONTRABANDO, Enrique Serpa
(Edición de Néstor Moreno)

3090-9 ⑨ ENSAYO DE DICCIONARIO DEL PENSAMIENTO VIVO DE LA
AVELLANEDA, Florinda Álzaga & Ana Rosa Núñez (Ed.)

0286-5 ⑩ CECILIA VALDÉS, Cirilo Villaverde
(Introducción de Ana Velilla) /coedición Edit. Vosgos)

324-X (11) LAS MEJORES ESTAMPAS DE ELADIO SECADES

351-7 (12) CUCALAMBÉ (DÉCIMAS CUBANAS), Juan C. Nápoles Fajardo
(Introducción y estudio por Luis Mario)

482-3 (13) EL PAN DE LOS MUERTOS, Enrique Labrador Ruiz

581-1 (14) CARTAS A LA CARTE, Enrique Labrador Ruiz
(Edición de Juana Rosa Pita)

669-9 (15) HOMENAJE A DULCE MARÍA LOYNAZ.
Edición de Ana Rosa Núñez

678-8 (16) EPITAFIOS, IMITACIÓN, AFORISMOS, Severo Sarduy
(Ilustrado por Ramón Alejandro. Estudios por Concepción T. Alzola
y Gladys Zaldívar)

688-5 (17) POESÍAS COMPLETAS Y PEQUEÑOS POEMAS EN PROSA EN
ORDEN CRONOLÓGICO DE JULIÁN DEL CASAL.
Edición y crítica de Esperanza Figueroa

722-9 (18) VISTA DE AMANECER EN EL TRÓPICO, Guillermo Cabrera
Infante

881-0 (19) FUERA DEL JUEGO, Heberto Padilla
(Edición conmemorativa 1968-1998)

OTROS LIBROS PUBLICADOS POR EDICIONES UNIVERSAL EN LA
# COLECCIÓN ARTE

# Libros publicados por Ediciones Universal en la
## COLECCIÓN ANTOLOGÍAS:

# COLECCIÓN CUBA Y SUS JUECES
### (libros de historia y política publicados por EDICIONES UNIVERSAL):

0359-6　CUBA EN 1830, Jorge J. Beato & Miguel F. Garrido
044-5　　LA AGRICULTURA CUBANA (1934-1966), Oscar A. Echevarría Salvat
045-3　　LA AYUDA CUBANA A LA LUCHA POR LA INDEPENDENCIA NORTEAMERICANA, Eduardo J. Tejera
046-1　　CUBA Y LA CASA DE AUSTRIA, Nicasio Silverio Saínz
048-8　　CUBA, CONCIENCIA Y REVOLUCIÓN, Luis Aguilar León
049-6　　TRES VIDAS PARALELAS, Nicasio Silverio Saínz
050-X　　HISTORIA DE CUBA, Calixto C. Masó
051-8　　RAÍCES DEL ALMA CUBANA, Florinda Alzaga
119-0　　JALONES DE GLORIA MAMBISA, Juan J.E. Casasús
123-9　　HISTORIA DEL PARTIDO COMUNISTA DE CUBA, Jorge García Montes y Antonio Alonso Avila
131-X　　EN LA CUBA DE CASTRO (APUNTES DE UN TESTIGO), Nicasio Silverio Saínz
1336-2　ANTECEDENTES DESCONOCIDOS DEL 9 DE ABRIL, Ángel Aparicio Laurencio
136-0　　EL CASO PADILLA: LITERATURA Y REVOLUCIÓN EN CUBA Lourdes Casal
139-5　　JOAQUÍN ALBARRÁN, ENSAYO BIOGRÁFICO, Raoul García
157-3　　VIAJANDO POR LA CUBA QUE FUE LIBRE, Josefina Inclán
165-4　　VIDAS CUBANAS - CUBAN LIVES.- (2 vols.), José Ignacio Lasaga
205-7　　VIGENCIA POLÍTICA Y LIT. DE MARTÍN MORÚA DELGADO, Aleyda T. Portuondo
205-7　　CUBA, TODOS CULPABLES, Raul Acosta Rubio
207-3　　MEMORIAS DE UN DESMEMORIADO-Leña para fuego hist. Cuba, José García Pedrosa
211-1　　HOMENAJE A FÉLIX VARELA, Sociedad Cubana de Filosofía
212-X　　EL OJO DEL CICLÓN, Carlos Alberto Montaner
220-0　　ÍNDICE DE LOS DOCUMENTOS Y MANUSC. DELMONTINOS, Enildo García
240-5　　AMÉRICA EN EL HORIZONTE. Una perspectiva cultural, Ernesto Ardura
243-X　　LOS ESCLAVOS Y LA VIRGEN DEL COBRE, Leví Marrero
262-6　　NOBLES MEMORIAS, Manuel Sanguily
274-X　　JACQUES MARITAIN Y LA DEMOCRACIA CRISTIANA, José Ignacio Rasco
283-9　　CUBA ENTRE DOS EXTREMOS, Alberto Muller
298-7　　CRITICA AL PODER POLÍTICO, Carlos M. Méndez
293-6　　HISTORIA DE LA ODONTOLOGÍA EN CUBA(4 vols: (1492-1983), César A. Mena
3122-0　RELIGIÓN Y POLÍTICA EN CUBA DEL SIGLO XIX, Miguel Figueroa
313-4　　EL MANIFIESTO DEMÓCRATA, Carlos M. Méndez
314-2　　UNA NOTA DE DERECHO PENAL, Eduardo de Acha
328-2　　OCHO AÑOS DE LUCHA - MEMORIAS, Gerardo Machado y Morales
347-9　　EL PADRE VARELA. (Biografía forjador de la conciencia cubana) Antonio Hernández-Travieso
353-3　　LA GUERRA DE MARTÍ (La lucha de los cubanos por la independencia), Pedro Roig
361-4　　EL MAGNETISMO DE JOSÉ MARTÍ, Fidel Aguirre
364-9　　MARXISMO Y DERECHO, Eduardo de Acha
367-3　　¿HACIA DONDE VAMOS? (Radiografía del presente cubano, Tulio Díaz Rivera
368-1　　LAS PALMAS YA NO SON VERDES (Testimonios de la tragedia cubana), Juan Efe Noya
374-6　　GRAU: ESTADISTA Y POLÍTICO (Cincuenta años de la Historia de Cuba), Antonio Lancís
376-2　　CINCUENTA AÑOS DE PERIODISMO, Francisco Meluzá Otero
379-7　　HISTORIA DE FAMILIAS CUBANAS (9 vols.), Francisco Xavier de Santa Cruz
383-5　　CUBA: DESTINY AS CHOICE, Wifredo del Prado